La cathédrale de Palma (Seu)

Ce joyau gothique, posé à la lisière du front de mer, change de couleur selon les heures de la journée. À l'intérieur, l'autel dessiné par Gaudí et la chapelle contemporaine réalisée par Barceló vous éblouiront ! **Voir p. 24.**

La route de Sa Calobra

Dans un paysage de bout du monde, cette route surnommée « la couleuvre » enchaîne des virages en épingle à cheveux hallucinants. Sensations fortes garanties ! **Voir p. 83.**

Le cap de Formentor

Rejoignez le phare au bout de cette étroite péninsule : la route sinueuse, magnifiquement perchée au-dessus des flots, dévoile à chaque virage des points de vue époustouflants. **Voir p. 99.**

Sóller et sa vallée

Au milieu d'un magnifique cirque de montagnes, cette cité tranquille fut longtemps prospère grâce à ses agrumes. Un cadre verdoyant propice aux randonnées ! **Voir p. 80.**

La Miró Mallorca Fundació

La fondation vous invite à pénétrer dans l'intimité du célèbre peintre Joan Miró. Son inestimable collection personnelle est rassemblée dans sa maison, perchée sur les collines au-dessus de la baie de Palma. **Voir p. 46.**

La plage d'Es Trenc

Une bande de sable fin bordée d'eau turquoise à perte de vue, et pas l'ombre d'une construction… Un véritable paysage de carte postale ! **Voir p. 143.**

La chartreuse de Valldemossa

Romantique à souhait, cette résidence religieuse du XIVe s. a servi d'écrin aux amours de George Sand et Frédéric Chopin. **Voir p. 68.**

Les Coves del Drach

Une enfilade de quatre grottes couvertes de stalactites et de stalagmites, avec en prime une balade en barque sur un lac souterrain. Un moment magique ! **Voir p. 130.**

MAJORQUE

Célèbre pour ses plages de sable fin paradisiaques et ses criques aux eaux transparentes, la plus grande île des Baléares rayonne aussi par son patrimoine exceptionnel – et pas uniquement dans sa sublime capitale, Palma. Chaque village porte les traces de son histoire à travers ses églises, ses remparts ou ses châteaux perchés. Mais Majorque, c'est aussi l'une des plus grandes zones naturelles classées au patrimoine mondial de l'Unesco : la Serra de Tramuntana. Ce massif romantique et préservé vous invite à arpenter ses routes panoramiques et ses chemins de pierres sèches pour une escapade loin de la foule, avec en ligne de mire, tout au bout, le cap de Formentor, qui offre l'un des plus beaux panoramas de toute la Méditerranée. Vous l'aurez compris, Majorque a plusieurs visages, qui sauront émerveiller tous les voyageurs, même les plus exigeants.

LES INCONTOUR-NABLES

Cala Pí

Une pinède verte, des voiliers blancs bercés par le clapotis de l'eau, des rochers ocre et une tour de guet d'où l'on contemple sans fin le bleu de la Méditerranée… Cette sublime calanque est un vrai tableau ! **Voir p. 144.**

Les jardines de Alfàbia

Entre leurs jets d'eau, leurs allées de palmiers, l'enchevêtrement de leurs plantations et leur adorable pergola soutenue par 62 colonnes, tout est réuni pour faire de ces jardins un lieu d'exception. **Voir p. 79.**

L'île de Cabrera

Ce parc national est un jardin d'Éden. Les marcheurs y observeront une flore endémique, tandis que les baigneurs profiteront de fonds marins enchanteurs. **Voir p. 143.**

EXPÉRIENCES UNIQUES

Partir en randonnée sur un chemin mythique

Un trek de légende vous attend au cœur des reliefs de la Tramuntana, dont les paysages tantôt sauvages, tantôt façonnés harmonieusement par l'homme, ont été classés par l'Unesco. Huit tronçons, souvent pavés et bordés de murets de pierres sèches, permettent de relier Andratx au sud et Pollença au nord. Une route pour marcheurs motivés, mais certaines étapes sont tout à fait accessibles aux débutants. **Voir p. 60-61.**

Rejoindre Sa Dragonera en kayak

Quand la météo est calme et la mer limpide, rien de mieux que d'atteindre cette île déserte, classée parc naturel, à la force des bras ! C'est surtout le meilleur moyen de voir de près ses criques et ses grottes marines. **Voir p. 74.**

Remonter le temps à Sóller

Que ce soit dans son train d'époque ou dans son tramway au charme suranné, Sóller propose une véritable immersion dans la Majorque d'autrefois. **Voir p. 81 et 82.**

Succomber au péché mignon des Majorquins

Envie de goûter la meilleure viennoiserie des Baléares ? Arrêtez-vous dans un *forn* traditionnel pour déguster l'*ensaïmada*, une sorte de brioche très légère, saupoudrée de sucre glace. Vous allez en redemander !

Galoper sur la plage

Que diriez-vous de partir à cheval, cheveux au vent, dans l'écume des vagues ? Une sortie 100 % nature, et d'un grand romantisme quand vient le crépuscule ! **Voir p. 121.**

Découvrir les entrailles de Majorque par la mer

La découverte d'une grotte suscite toujours un sentiment particulier, mais l'émotion est d'une rare intensité quand il s'agit d'y accéder à la nage ! Un moment fort qui attend les plus intrépides dans la Cova des Coloms. **Voir p. 130.**

Écouter un concert dans un château de rêve

L'été, l'impressionnante cour du castell de Bellver et son élégante galerie à colonnade accueillent l'orchestre symphonique des Baléares. Une acoustique unique pour un concert classique ! **Voir p. 52.**

Frapper la balle comme Rafael Nadal

Pour se remettre à niveau en tennis, faites appel à un encadrant pro le temps d'un week-end à la Rafael Nadal Academy. Le complexe dispose même d'un musée interactif pour entrer dans la peau de la star de Majorque. **Voir p. 129.**

Goûter aux saveurs de la Tramuntana

La *possessió* de Son Moragues est tenue par des propriétaires très soucieux de l'environnement. Ils vous invitent à arpenter les terrasses de pierres sèches pour un goûter 100 % bio dans leur cabane de berger. **Voir p. 74.**

Naviguer à l'ancienne

Rien de tel que d'embarquer sur un llaut, petit bateau en bois jadis utilisé par les contrebandiers, pour découvrir les jolies criques des environs d'Alcúdia et du cap de Formentor. **Voir p. 121.**

NOS ADRESSES COUPS DE CŒUR

La Rosa Vermuteria

Terrae

La Rosa Vermuteria

Un bar à tapas chic, vintage et décontracté, avec le sens du rythme et l'amour des bons produits. Tout ce qu'on aime. *Olé !* **Voir p. 36.**

Terrae

Un voyage gustatif avec un chef à l'imagination débordante, qui n'a pas fini de vous surprendre. **Voir p. 101.**

La Petite Iglesia

Un accueil en français dans un décor de carte postale. Passez par Cala Figuera, vous ne le regretterez pas ! **Voir p. 147.**

Le rooftop du Sant Francesc Singular

Bellaverde

Une cuisine végétarienne imaginative, à l'ombre des figuiers de Port de Pollença. Une belle découverte ! **Voir p. 101.**

Sant Francesc Singular

Et si on prenait un verre sur la terrasse du plus beau palace de Palma ? Une parenthèse enchantée avec vue sur les toits de la ville. **Voir p. 39.**

Terraza 360

Au milieu des yachts, c'est le plus secret des bars de la côte. Ses cocktails en étonneront plus d'un ! **Voir p. 102.**

La Osadía

Coup de cœur pour cette caverne d'Ali Baba avec sa belle sélection d'objets artisanaux et d'œuvres d'art 100 % locales. **Voir p. 42.**

Son Pocapalla

Le petit cadeau en paille qui a du style. Cet artisan au savoir-faire ancestral a su moderniser ses modèles avec talent ! **Voir p. 133.**

Son Pocapalla

OÙ SE BAIGNER À MAJORQUE ?

Plutôt lagon turquoise ou crique sauvage ? Majorque fourmille de lieux merveilleux pour piquer une tête, à découvrir en famille version bronzette sous la paillote ou en solo dans un trip Robinson. Une chose est sûre, l'île est un paradis pour le farniente !

Le royaume des calas

Les « calas », ce sont des criques, plus petites que les plages et souvent encadrées de falaises. Majorque en compte plus de 200 ! Quelques rochers, un bout de sable blanc, parfois un petit bar… Et pas besoin de faire des kilomètres : **Cala Comtessa** *(p. 49)*, une petite crique de sable blanc, est à moins de 10 minutes de Palma !

Les plus belles calas sont souvent les plus inaccessibles, comme **Cala Murta** et **Cala Figuera** *(p. 99)*, sur la péninsule de Formentor. La côte au nord d'Artà est un petit Éden secret avec ses criques que l'on ne peut rejoindre qu'après une longue marche : **Cala Estreta**, **Cala Torta**, **Cala Sa Font Salada** *(p. 137)*… On s'y croit au bout du monde ! De l'autre côté de la péninsule, près du village de Betlem, **Na Clara** et **Caló des Corb Marí** sont deux autres perles peu fréquentées.

La côte sud n'est pas avare en calas de toute beauté. **Cala Llombards** *(p. 147)*, près de Santanyi, a l'avantage d'offrir des eaux profondes qui invitent au snorkeling. Juste à côté, **Caló des Moro** *(p. 142)* est une crique aux eaux turquoise encadrée de falaises et de pins. **Cala Pí** *(p. 144)*, peut-être la plus belle de toutes, ressemble beaucoup aux calanques de Marseille, avec ses superbes parois verticales.

Les calas de la Tramuntana, comme **Cala de Deià** *(p. 78)* ou **Cala Estellencs** *(p. 64)*, sont spectaculaires avec leurs rochers sur lesquels viennent se fracasser les flots de la Méditerranée. **Cala Tuent** *(p. 85)*, en forme de croissant et encadrée par deux falaises plantées de pins, est particulièrement photogénique. Il est souvent plus facile de s'y rendre par la mer, car les routes d'accès sont sinueuses et très étroites… Mais cela rajoute au spectacle !

Des plages paradisiaques

La côte très découpée de Majorque favorise les calas, mais l'île compte quand même de longues étendues de sable qui satisfairont les amateurs de farniente et les familles avec de jeunes enfants !

Difficile d'établir un classement, mais trois plages sont assurément sur le podium. La **plage d'Es Trenc** *(p. 143)*, tout au sud de l'île, est un éblouissant banc de sable blanc de plus de 3 km, adossé à des dunes. C'est la dernière grande plage encore sauvage de l'île. La **plage des Coll Baix** *(p. 114)*, sur le cap des Pinar, est irrésistible avec son cadre verdoyant et son eau cristalline. Autre atout ? Elle reste encore méconnue et préservée. Quant à la **plage de Formentor** *(p. 97)*, elle est souvent citée comme l'une des plus belles plages… de toute l'Espagne !

Assez fréquentée, les plages des stations balnéaires ont l'avantage d'être surveillées, peu profondes, avec souvent des infrastructures complètes. La **plage de Port de Sóller** *(p. 82)* tapisse une baie presque fermée – l'endroit idéal pour les activités nautiques, surtout lorsqu'on est débutant. La **plage de Muro** *(p. 113)*, l'une des plus grandes de l'île, se déploie entre Port d'Alcúdia et Can Picafort, et offre un cadre fantastique pour une balade à cheval hors saison.

Sur la côte sud, la **plage d'Es Caragol** *(p. 142)* se mérite. Il faut marcher 30 min depuis le phare de Ses Salines pour découvrir, tel un mirage, cette étendue de sable blanc ourlée de dunes.

MAJORQUE AVEC DES ENFANTS

Oui, Majorque est un petit paradis pour les enfants, avec ses plages, son eau turquoise et ses activités nautiques. Mais l'île regorge aussi de découvertes insolites et ludiques. Petit tour de piste des meilleures activités qui sauront satisfaire toute la famille.

Des monuments sortis tout droit d'un rêve

Avec ses motifs floraux et ses papillons, l'Art nouveau fait appel à l'imagination. Un petit **jeu de piste à Palma** pour débusquer les plus belles **façades** devrait plaire. Et si la marche est trop fatiguante, direction l'étage du **bus touristique « Hop on, Hop off »** *(p. 22)* pour relier le **château de Bellver** *(p. 45)*, avec ses faux airs de Fort Boyard.

À deux pas, le **Poble Espanyol** *(p. 45)* est la surprenante reconstitution lilliputienne de villages typiques et de monuments célèbres de l'Espagne. À la **fondation Miró** *(p. 46)*, les œuvres aux allures enfantines de cet artiste inclassable plaisent souvent beaucoup aux plus jeunes.

Et en dehors de Palma ? À **La Granja** *(p. 67)*, les enfants pourront participer aux démonstrations de métiers anciens tout en dégustant fromages et gâteaux. À **Sóller**, la balade brinquebalante en **tram historique en bois** *(p. 82)* est mieux qu'un tour de manège !

Pour ceux qui aiment les animaux

L'**aquarium de Palma** *(p. 48)*, l'un des plus grands d'Europe, impressionnera forcément les enfants, mais on trouve aussi beaucoup d'animaux en pleine nature. Dans la Tramuntana, vous croiserez surtout des chèvres sauvages, peu farouches et curieuses, qui s'approcheront dans l'espoir d'obtenir un bout de pain (mais ne les nourrissez pas !).

Sur la route de Fornalutx, **Eco Vinyassa** *(p. 82)* propose une balade au milieu d'un verger peuplé de poules. Le **Rancho Grande** *(p. 121)*, près d'Alcúdia, organise de son côté des balades à cheval sur la plage et invite à jouer aux cowboys dans un ranch !

Et bien sûr, puisque Majorque est entourée par la mer, c'est l'occasion rêvée de **voir des dauphins**. Ils sont plutôt nombreux dans la baie de Cala Fornells et du côté du cap de Formentor. Alors embarquez pour une croisière d'observation et ouvrez l'œil !

Des aventures en pleine nature

Pour les enfants qui débordent d'énergie, Majorque propose bien des défis ! Les grottes de la côte orientale sont le terrain parfait pour jouer aux spéléologues. Les plus belles ? Les **Coves del Drach** *(p. 130)*, une descente unique qui se finit en barque sur un lac souterrain. « Drach » signifie « Dragon », et la légende dit que cet animal fabuleux gardait un trésor dans ces grottes : de quoi enflammer l'imagination...

Pour continuer à se dépenser dans l'est de l'île, la **véloroute d'Artà à Manacor** *(p. 135)*, toute plate, conviendra même aux plus jeunes.

Pour les ados un peu plus sportifs, l'excursion en kayak vers l'île de Sa Dragonera laisse des souvenirs inoubliables, surtout quand les dauphins s'invitent dans la traversée !

Vous recherchez une petite rando facile convenant à toute la famille ? Direction les parcs naturels ! Celui de **S'Albufera** *(p. 115)*, assez plat, vous invite à un vrai safari-photo à la recherche de milliers d'oiseaux.

Quant au parc naturel de **Mondragó** *(p. 139)*, c'est un petit bijou qui combine de petits itinéraires faciles dans la pinède, entrecoupés de plongeons dans la Grande Bleue à partir de ses fantastiques calas.

UN GRAND WEEK-END SUR MESURE

Le bon mix visites-farniente

J1

La richesse de **Palma** *(p. 24)* est immense ! Entre la Seu, le palais royal de l'Almudaina et la Llotja, il y a de quoi s'occuper une bonne journée. N'oubliez surtout pas d'inclure la **fondation Miró** *(p. 46)*, que l'on peut rejoindre avec le bus n° 47 depuis la plaça d'Espanya.

J2

Cap en voiture sur la Serra de Tramuntana ! Une route sinueuse magnifique passe par les villages de **Valldemossa** *(p. 68)*, où il faut s'arrêter pour visiter la chartreuse, et **Deià** *(p. 77)*. On rejoint alors **Sóller** *(p. 80)* et sa verdoyante vallée, où l'on peut profiter d'une belle fin d'après-midi et passer la nuit, même si le retour vers Palma est rapide (30 min).

J3

Pour un troisième jour sous le signe du farniente, direction le ravissant port naturel de **Cala Figuera** *(p. 141)*, avec une balade sur la côte (à pied ou en bateau) et un déjeuner de poisson. Puis après-midi bronzette sur l'une des plus belles plages de sable fin de Majorque, **Es Trenc** *(p. 143)*, zone protégée aux faux airs de Caraïbes.

Hors des sentiers battus

J1

Palma *(p. 24)* a ses petits coins secrets. Débusquez les patios cachés, poussez la porte de la basilique Sant Francesc, allez chercher des friandises dans le couvent de Santa Clara, sillonnez l'ancien quartier juif… **Evasion Authentic** *(p. 42)* est spécialisée dans ces parcours insolites.

J2

Le centre de l'île est le grand oublié des parcours touristiques. Il recèle pourtant des richesses insoupçonnées ! Coup de cœur assuré pour **Sineu** *(p. 117)*, avec son monastère de l'Immaculée Conception et son incroyable marché du mercredi. Au retour, passez par la région des vignobles d'Inca et surtout de **Binissalem** *(p. 86)*, afin de faire le tour des caves.

J3

Le **Parc naturel de la péninsule du Llevant** *(p. 126)*, au nord-est, est un paradis bien préservé car il reste assez difficile d'accès. Vous serez souvent seul sur les magnifiques sentiers qui grimpent le long de ses jolis sommets verdoyants, avec des vues magiques sur la mer ! Au retour, pause rapide dans la douce ville-citadelle d'**Artà** *(p. 124)*, entourée de plaines agricoles.

Sans voiture

J1

Le **centre de Palma** *(p. 24)* est inscrit dans un tout petit périmètre, qui se visite parfaitement bien à pied. On peut ensuite enfourcher un vélo pour s'échapper vers la mer le long de la piste cyclable qui longe toute la baie de Palma en desservant de charmantes plages et calas.

J2

Depuis Palma, embarquez dans le charmant **train historique** *(p. 81)* vers **Sóller**. Le samedi étant le jour du marché, les rues se remplissent d'étals colorés. Face au bar Turismo, idéal pour prendre le pouls de la ville, on enchaîne avec le vieux **tram en bois** *(p. 82)* jusqu'au Port de Sóller, à 6 km. Un vrai voyage dans le temps, qui permet en plus d'aller piquer une tête ! Retour à Palma en bus ou en train.

J3

Envie de vert ? Louez un vélo à Palma et prenez la direction de Manacor en train (les vélos sont acceptés sans supplément). C'est parti pour une agréable virée de 29 km jusqu'à Artà, le long de la **Via Verde** *(p. 135)*. Sur le chemin, vous pourrez déjeuner dans l'une des gares désaffectées du parcours, et même faire un écart pour une petite pause baignade. Dépaysement garanti !

Le tramway de Sóller

VISITER MAJORQUE

La cala Llombards

PALMA DE MAJORQUE ET SA BAIE

Majestueuse Palma... Romaine puis byzantine, elle s'épanouit sous l'occupation maure en 902. Son intérêt stratégique n'échappe pas à Jacques Ier d'Aragon, qui la conquiert en 1229. C'est ici, depuis, que bat le cœur politique et religieux des Baléares : la ville se pare de palais nobles aux luxueux patios, mais aussi d'églises et de couvents. Aujourd'hui, la moitié de la population de l'île y habite. À la fois pittoresque, élégante et contemporaine, la perle des Baléares est incontestablement la petite sœur de Barcelone.

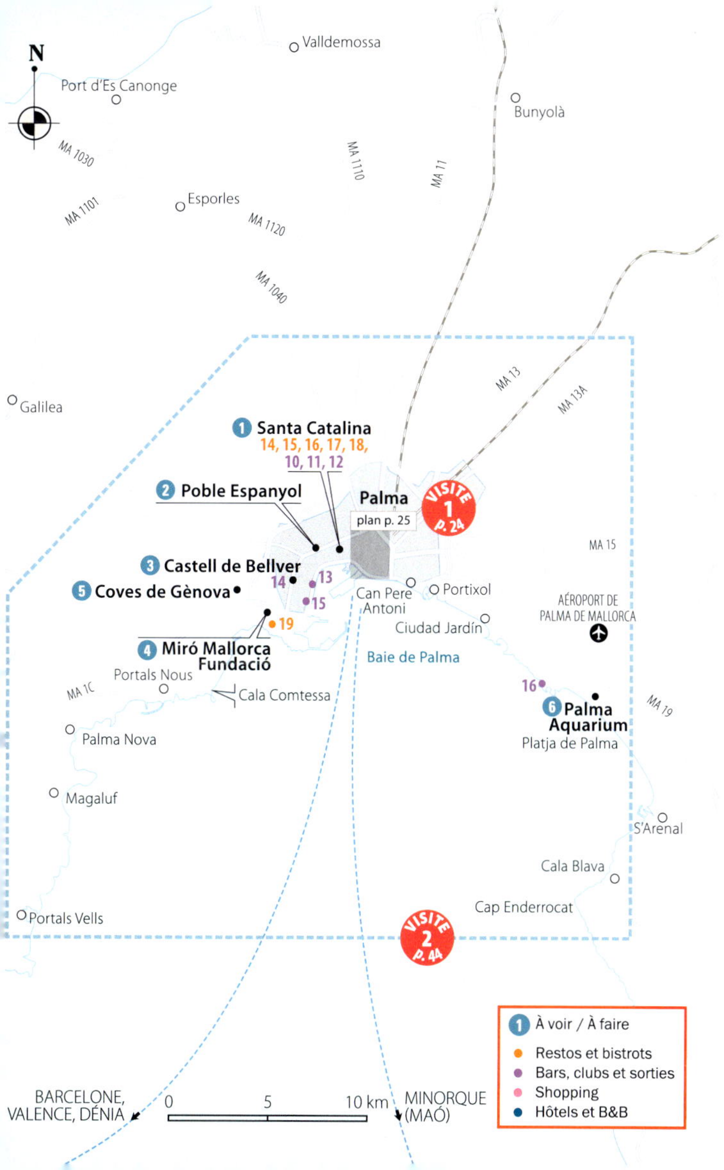
N
Valldemossa
Port d'Es Canonge
Bunyolà
MA 1030
MA 1110
MA 11
MA 1101
Esporles
MA 1120
MA 1040
MA 13
MA 13A
Galilea
1 Santa Catalina
14, 15, 16, 17, 18,
10, 11, 12
2 Poble Espanyol
Palma
plan p. 25
VISITE 1 p. 24
MA 15
3 Castell de Bellver
14
13
5 Coves de Gènova
15
Can Pere Antoni
Portixol
Ciudad Jardín
AÉROPORT DE PALMA DE MALLORCA
19
4 Miró Mallorca Fundació
Baie de Palma
Portals Nous
MA 1C
Cala Comtessa
16
6 Palma Aquarium
Platja de Palma
MA 19
Palma Nova
Magaluf
S'Arenal
Cala Blava
Cap Enderrocat
Portals Vells
VISITE 2 p. 44
1 À voir / À faire
Restos et bistrots
Bars, clubs et sorties
Shopping
Hôtels et B&B
BARCELONE, VALENCE, DÉNIA
0
5
10 km
MINORQUE (MAÓ)

À SAVOIR

Comment venir

Pour tout savoir sur les accès en avion et en bateau, voir p. 152-153.

Se déplacer

En voiture

Se déplacer dans la vieille ville relève du casse-tête : rues étroites, sens uniques, stationnement limité à 2h, etc. Mieux vaut laisser votre véhicule en périphérie et parcourir Palma à pied.

Stationnement

Le parking le plus pratique se trouve sous la plaça d'Espanya (1,92 €/h ou 23,10 €/24h). Sinon, garez-vous dans les zones bleues du passeig Maritim ou au sud de la Llotja. Stationnement payant lun.-ven. 9h-14h30 et 16h30-20h, sam. 9h-14h30 ; 2,65 €/2h. Attention : les contrôles sont fréquents.

Marchés

Trois marchés couverts ont lieu tous les jours (sauf dim.) : El Olivar, Pere Garau et Santa Catalina. On trouve aussi le marché gastronomique Sant Joan *(p. 38)* et un marché écologique sur la place Patins (mar.-sam. jusqu'à 14h).

En bus

Le réseau EMT dessert Palma et ses environs. Plan des lignes sur le site Internet. La plupart des bus partent de la gare routière, sur la plaça d'Espanya. Achat des tickets à bord (1,50 €).

www.emtpalma.es/en

Pour les plages un peu plus éloignées, le réseau TIB prend la relève : lignes n° 104, 105 ou 107 jusqu'à Magaluf ; ligne n° 520 jusqu'au cap Enderrocat.

www.tib.org

En bus touristique

Bus Palma City Sightseeing
Ce bus touristique « Hop on, Hop off » dessert 18 arrêts. Bon à savoir : c'est le seul à desservir le pied du castell de Bellver.

https://city-sightseeing.com/en/25/palma-de-mallorca • 18 €/j., 28 € combiné avec un tour en bateau.

À vélo

Un mode de transport agréable et abordable, qui permet notamment de profiter de la superbe piste cyclable qui longe la baie de Palma d'un bout à l'autre.

BiciPalma – Vélos en libre-service
290 vélos avec environ 30 stations.

Inscription préalable nécessaire sur https://clubbicipalma.palmademallorca.es/ • 30 min gratuites, puis 0,50 €/30 min (jusqu'à 1h30), 3 €/h si vous dépassez • Infos sur www.mobipalma.mobi/mobilitat/bicicletes-2/

Loueurs de vélos
La plupart des agences proposent des vélos électriques et même des visites guidées à vélo.

Astuces

Palma gratuit
Sur le site www.culturalpalma.com, la rubrique « Palma gratis » indique les spectacles, concerts dans les églises et musées gratuits.

Nano Bicycles : *C/ de la Mar, 10 • ☎ 971 66 73 60 • www.nanobicycles.com • T.l.j. 9h30-14h et 16h-20h • À partir de 10 €/j.*

Ride a Bike : *C/ Tous i Maroto, 5 • ☎ 971 42 28 66 • https:// rideabikemallorca.com • T.l.j. 9h-20h • À partir de 10 €/j.*

Call and Ride : *Can Puigdorfila, 5 • ☎ 971 11 69 96 • http://callandridemallorca.com • T.l.j. 9h30-20h • À partir de 12 €/j.*

À deux-roues

Le scooter est idéal pour se faufiler dans les ruelles et découvrir les plages des environs.

Pl. Porta de Santa Catalina, 5 • ☎ 620 476 285 • www.mallorcavintage.com

En train

Trois lignes à Majorque avec pour terminus Sóller, Sa Pobla et Manacor (via Inca et Sineu).

Plaça d'Espanya • ☎ 971 17 77 77 • www.tib.org • T.l.j. 5h30-23h30.

Où dormir ?

L'hôtellerie à Palma est d'un rapport qualité/prix plutôt décevant. Mieux vaut loger ailleurs si vous en avez l'opportunité. Toutefois, si vous devez y rester, c'est l'occasion de vous faire plaisir en dormant dans un authentique palais majorquin ! Parmi nos préférés : le Santa Clara, niché dans une villa du XVIIe s., le palacio Can Marqués, du XVIIIe s., ou le Sant Francesc, le plus beau de tous avec son patio traditionnel décoré d'œuvres d'art.

Infos touristique

www.infomallorca.net

Office du tourisme principal
Peu de dépliants et de brochures. Pour avoir des infos, préparez votre liste de questions et, surtout, soyez précis !

Plaça d'Espanya • ☎ 902 10 23 65 • T.l.j. 9h-20h.

Autres points d'infos
À l'aéroport : ☎ 971 78 95 56 • Lun.-sam. 8h30-20h, dim. 9h-13h30.
Casal Sólleric : passeig des Born, 27 • ☎ 902 10 23 65 • T.l.j 9h-20h.

Manifestations

5 janvier : fête des Rois
Palma célèbre les rois mages lors de défilés joyeux.

Fin février : carnaval de Palma
Très couru pour ses chars multicolores.

Avril : Semaine sainte
Palma vit au rythme des processions religieuses.

24 juin : Saint-Jean
La nuit venue, la ville s'embrase au son des feux d'artifices et des concerts.

1

LA VIEILLE VILLE DE PALMA

On la résume souvent à deux édifices iconiques : la cathédrale et le palais de l'Almudaina. Il suffit pourtant de contourner la cathédrale pour avoir l'impression de changer de siècle... Suivez les ruelles parallèles aux remparts pour retrouver l'ancienne médina, riche en patios secrets, et respirez à loisir son atmosphère médiévale.

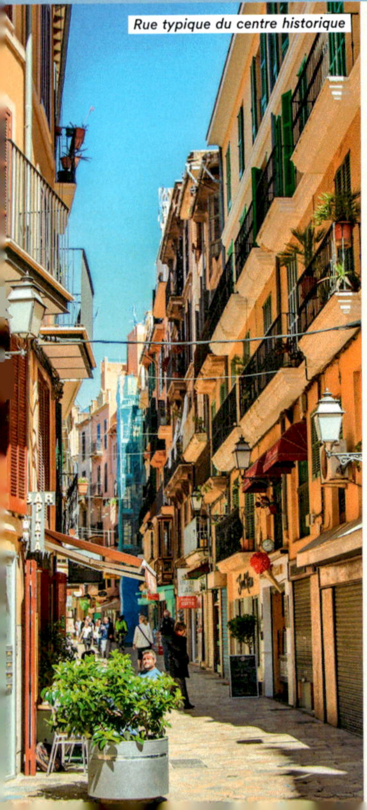

Rue typique du centre historique

1 La Seu+++

Difficile de ne pas s'émerveiller devant cette grandiose cathédrale qui domine toute la baie. C'est la deuxième plus grande d'Espagne après celle de Séville ! La légende raconte que le roi Jacques Ier, naviguant vers Majorque en 1229 pour reprendre les Baléares aux musulmans, aurait affronté une terrible tempête. Il promit à la Vierge de lui bâtir un sanctuaire s'il échappait au naufrage. Il tint parole : la première pierre fut posée le lendemain même de sa victoire sur le site de la mosquée de la médina, elle-même bâtie sur un ancien temple romain...

Plaça Almoina • 902 02 24 45 • http://catedraldemallorca.org • Avr.-mai et oct. : lun.-ven. 10h-17h15, sam. 10h-14h15 ; juin-sept. : lun.-ven. 10h-18h15, sam. 10h-14h15 ; nov.-mars : lun.-ven. 10h-15h15, sam. 10h-14h15 • Fermé j.f. • Entrée 8€ (accès au Museu Diocesà inclus).

Six siècles d'évolution

La construction proprement dite commença en 1306, mais il faudra trois siècles pour qu'elle soit achevée, dans un style gothique

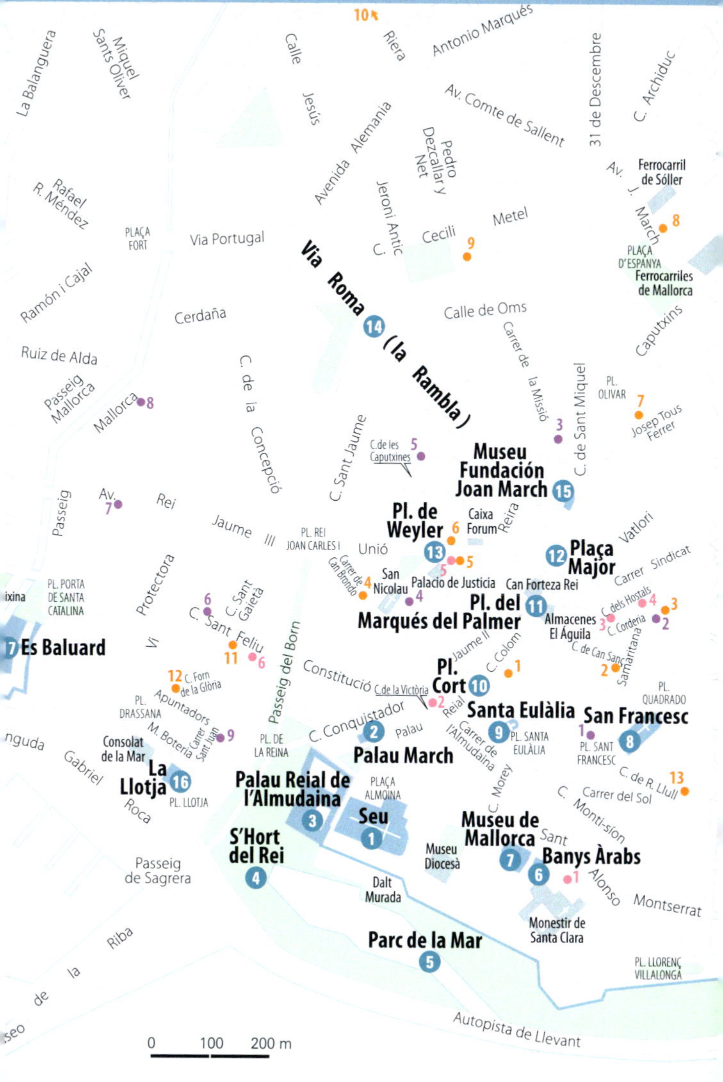

Via Roma (la Rambla)
14
Museu Fundación Joan March
15
Pl. de Weyler
13
Plaça Major
12
Pl. del Marqués del Palmer
11
Pl. Cort
10
Santa Eulàlia
9
San Francesc
8
Es Baluard
17
Palau March
2
Palau Reial de l'Almudaina
3
Seu
1
S'Hort del Rei
4
La Llotja
16
Museu de Mallorca
7
Banys Àrabs
6
Parc de la Mar
5
Museu Diocesà
Dalt Murada
Monestir de Santa Clara
Consolat de la Mar
Caixa Forum
San Nicolau
Palacio de Justicia
Can Forteza Rei
Almacenes El Águila
Ferrocarril de Sóller
Ferrocarriles de Mallorca
PLAÇA D'ESPANYA
PL. OLIVAR
PLAÇA FORT
PL. REI JOAN CARLES I
PL. PORTA DE SANTA CATALINA
PL. DRASSANA
PL. DE LA REINA
PLAÇA ALMOINA
PL. SANTA EULÀLIA
PL. SANT FRANCESC
PL. QUADRADO
PL. LLOTJA
PL. LLORENÇ VILLALONGA
La Balanguera
Miquel Sants Oliver
Calle Jesús
Riera
Antonio Marqués
Av. Comte de Sallent
31 de Descembre
C. Archiduc
Avenida Alemania
Pedro Dezcallar y Net
C. Jeroni Antic
Cecili
Metel
Av. J. March
Rafael R. Méndez
Via Portugal
Ramón i Cajal
Cerdaña
Calle de Oms
Carrer de la Missió
C. de Sant Miquel
Caputxins
Josep Tous Ferrer
Ruiz de Alda
Passeig Mallorca
Mallorca
C. de la Concepció
C. Sant Jaume
C. de les Caputxines
Passeig
Av. Rei Jaume III
Unió
Reira
Vatlori
Carrer Sindicat
Carrer de Can Brondo
C. dels Hostals
C. Cordería
C. de Can Sanc
Samaritana
Protectora
Vi
C. Sant Feliu
C. Sant Gaietà
Passeig del Born
Constitució
C. de la Victòria
Jaume II
C. Colom
Reial
C. Forn de la Glòria
Apuntadors
M. Boteria
Carrer Sant Juan
C. Conquistador
Palau
Carrer de l'Almudaina
C. Morey
C. de R. Llull
Carrer del Sol
C. Monti-sion
Sant Alonso
Montserrat
Gabriel Roca
Passeig de Sagrera
Passeig de la Riba
Autopista de Llevant
0 100 200 m

Le baldaquin de Gaudí

dit « catalan », caractérisé par un toit presque plat. Après une série de séismes qui secouent Majorque en 1851, la cathédrale connaît une période de reconstruction qui dure 40 ans. C'est à cette époque que la façade principale doit son style néogothique.

Un modèle de grâce

Si de l'extérieur la cathédrale ressemble à une forteresse, l'intérieur offre une véritable surprise : une agréable impression de légèreté se dégage de la nef centrale, baignée de lumière. Soutenue par 14 fins piliers octogonaux, elle s'élève à près de 44 m ! Quelques autres chiffres pour donner la mesure : 16 chapelles, 61 vitraux, 5 rosaces… Admirez notamment la **Rosassa Major** (Grande Rosace) : avec ses 11 m de diamètre et ses 1 236 éclats de verre, elle serait la plus grande au monde !

Parmi les œuvres maîtresses, ne manquez pas le beau **retable baroque majorquin** représentant la Cène (XVIIe s., abside de gauche), ou encore les **tombeaux des rois de Majorque** Jacques II et Jacques III (chapelle de la Trinité, derrière l'abside principale). Mais ce sont surtout deux autres éléments qui attirent les visiteurs : le chœur, dominé par l'étonnant baldaquin d'Antoni Gaudí, et la chapelle Sant Pere.

Entre les mains de Gaudí

Si la Seu est surnommée « la cathédrale des lumières », c'est en partie grâce à Antoni Gaudí, qui en rénova l'intérieur entre 1904 et 1914. Il y fit installer l'électricité, dessinant lui-même les candélabres, et retravailla certaines rosaces.

Effets de lumière

Lorsque le soleil vient caresser les morceaux de verre qui composent la grande rosace de la Seu, la nef de la cathédrale s'emplit de couleurs féeriques. Mais deux fois par an se produit un phénomène plus surprenant encore : le 2 février et le 11 novembre, dès 8h, le reflet de la Rossasa Major vient se poser près de la rosace de la façade ouest, dessinant un « 8 » parfait.

La Seu depuis la promenade du parc de la Mar

Sa pièce maîtresse reste le surprenant **baldaquin** suspendu dans le chœur, au-dessus de l'autel. Inspiré de la couronne d'épines du Christ, fait de fer forgé, de brocard, de carton et de liège, il fit polémique : sublime ou torturé ? L'œuvre est en tout cas inachevée : suite à un différend, Gaudí abandonna le projet…

La grotte miraculeuse

La **chapelle Sant Pere**, à droite, est devenue une attraction phare de la Seu. Il a fallu cinq ans (2001-2006) à Miquel Barceló pour la transformer en une étonnante grotte sous-marine évocant l'épisode biblique de la multiplication des pains et des poissons. Souhaitant distiller une atmosphère mystérieuse, l'artiste donna aux **vitraux** un effet fumé, puis y dessina, sur 12 m, des motifs en arête de poisson !

Les **bas-reliefs**, eux, sont d'immenses pans de céramique craquelée hauts de 16 m, réalisés en studio puis plaqués sur les murs telle une seconde peau. Des créatures marines y ont été modelées, et Barceló a même laissé couler des traînées de peinture pour évoquer le mouvement des vagues ! La silhouette du Christ, centrale, semble émerger du mur pour revenir à la vie.

Palma vue d'en haut

En été, il est possible d'accéder aux terrasses de la cathédrale. L'ascension des 215 marches permet de visiter le clocher, de voir la Grande Rosace de plus près et de jouir d'une belle vue sur la ville.

Infos et rés. sur le site Internet • 7 vis./j. 9h-19h30 • Accès 12 €.

2 Palau March✦✦✦

Drôle d'histoire que celle de Juan March (1880-1962). Enfant, il se démarque par son sens des affaires en vendant à ses camarades des cigarettes, non pas à l'unité mais à la bouffée ! À 25 ans, il est à la tête d'un trafic de tabac avec l'Algérie. Sa richesse est telle qu'il prêta, dit-on, de l'argent à Franco. Après la Seconde Guerre mondiale, il se rachète une conduite en devenant mécène d'art et ouvre au public sa belle demeure néoclassique. Une chance : ses collections sont exceptionnelles ! On s'émerveillera devant les sculptures du XXe s., dont quelques pièces de Rodin, d'Henry Moore, de Barbara Hepworth… Ne ratez pas la crèche napolitaine du XVIIIe s. constituée de 2000 santons d'une finesse incroyable.

Quand la mer recule

Il n'y a pas si longtemps, la mer léchait les remparts de Palma ! En effet, ce n'est que dans les années 1960-1970 que la municipalité décida de grignoter sur la baie pour construire le boulevard périphérique. En vous penchant depuis la terrasse de l'Almudaina, vous pourrez encore voir l'ancien accès des embarcations, qui permettait au souverain de gagner directement son navire : il n'en reste qu'un petit bassin abritant un couple de cygnes.

Carrer del Palau Reial, 18 • ☎ 971 71 11 22 • www.fundacionbmarch.es • Lun.-ven. 10h-18h30 (17h nov.-mars), sam. 10h-14h • Entrée 4,50 €

3 Palau Reial de l'Almudaina✦✦

Depuis sa création en 903, ce palais est le siège du pouvoir des Baléares. Il accueillit d'abord les gouverneurs maures puis, au XIIIe s., Jacques II en fit sa résidence et en profita pour adoucir les aspects militaires. Aujourd'hui encore, c'est là que loge le roi d'Espagne lors de ses séjours dans la ville.

Une opulence royale

Le Portal Major, face à la cathédrale, donne une idée de la richesse intérieure. Les salles des appartements royaux – certaines ayant autrefois servi aux audiences et aux banquets – sont richement décorées de tapisseries flamandes. L'ancien chemin de ronde de la forteresse maure, transformé en couloir somptueux, est doté d'un plafond de style mudéjar alternant caissons noirs et caissons blancs.

Dans cette splendeur gothique, les traces de l'architecture maure d'origine sont rares : on en trouve encore, toutefois, dans les anciens bains arabes ou dans les arches de la terrasse.

C/ del Palau Reial • ☎ 971 21 41 34 • https://entradas.patrimonionacional.es • Oct.-mars : mar.-ven. 10h-14h, sam.-dim. 10h-18h ; avr.-sept. : mar.-dim. 10h-20h (dern. entrée 1h avant) • Fermé j.f. • Les réceptions peuvent décaler les horaires • Entrée 7 € ;

gratuit 18 mai et 12 oct. ; gratuit pour les citoyens de l'UE mer. et jeu. 15h-17h en oct. et mars, et 17h-20h d'avr. à sept.

4 S'Hort del Rei✦

Au pied du palais, les « Jardins du Roi », jadis appréciés par Jacques II, ont été rasés au XIXe s. avant d'être recréés. La pergola andalouse, les fontaines inspirées de l'Alhambra, la promenade plantée de cyprès et d'orangers leur confèrent une élégance... royale. Vous y verrez la sculpture *Femme*, monument de Joan Miró (1972) et l'étonnant mobile *Nancy*, de son ami Alexander Calder (1972).

Au pied de l'Almudaina, av. d'Antoni Maura • T.l.j. 7h40-20h30 en hiver, 7h40-22h en été • Entrée gratuite • Petit marché d'artisanat lun.-mar. et sam. 10h-17h.

5 Parc de la Mar✦

Ce parc d'origine artificielle est né dans les années 1970, quand on a pris sur la mer pour construire le boulevard périphérique. C'est aujourd'hui un bel espace vert parsemé de palmiers et d'œuvres d'art contemporaines. La plus belle ? *Mur pour David Fernandez* (1983), une fresque géante de Joan Miró installée près du café. Ses couleurs vives – jaune et rouge sur fond bleu – se remarquent de loin !

Le lac accueille en été une grande toile flottante sur laquelle sont projetés des films.

Accès libre et gratuit • Sur place, café et kiosque de l'OT.

Banys Àrabs

6 Banys Àrabs✦

Le tout dernier hammam de la médina remonterait au Xe s. Dans la salle centrale, les arches et la voûte de pierre lui confèrent un charme émouvant. Observez bien les colonnes : elles sont toutes différentes, les Maures ayant réutilisé des vestiges romains. Dire que la pièce servit d'étable jusque dans les années 1960 !

Carrer de Can Serra, 7 • ☎ 637 04 65 34 • Avr.-nov. : t.l.j. 9h-19h30 ; déc.-mars : t.l.j. 10h-18h • Entrée 2,50 €.

7 Museu de Mallorca✦

Ce magnifique musée vous propose un vrai voyage dans le temps, à la découverte de l'histoire des Baléares depuis la préhistoire. Commencez au sous-sol, où l'on voit les fondations d'une ancienne demeure arabe, puis remontez les étages en suivant une progression chronologique : civilisations talayotique, maure (dont une très belle collection de bijoux), romaine, et enfin des œuvres primitives majorquines. Attardez-vous sur celles de Francesc Comes, un peintre du XVe s. dont la finesse rappelle celle de ses contemporains flamands.

Palau Ayamans, carrer de la Portella, 5 • ☏971 17 78 38 • http://museudemallorca.caib.es • Mar.-dim. 9h-14h (jeu. jusqu'à 19h) • Entrée 2,40 € ; gratuit le dim.

8 Basílica y claustro de Sant Francesc✦

Baroque à l'extérieur mais gothique à l'intérieur, cette église du XIIIe s. était autrefois la plus prisée de Palma. Les familles nobles payaient des sommes folles pour y obtenir un tombeau – les sépultures y rivalisent donc de beauté. Pourtant, les Majorquins s'attardent sur une simple tombe en albâtre dans la chapelle à gauche de l'autel : celle de Ramon Llull, un célèbre philosophe, scientifique et théologien du XIIIe s., qui a été béatifié.

Rendez-vous ensuite dans le **cloître gothique**. Si la première pierre fut posée en 1286, les travaux se prolongèrent, faute de fonds, jusqu'au XVIe s. Vous remarquerez facilement le changement d'époque : au nord, les colonnes, plus anciennes, sont simples, tandis qu'à l'ouest, plus récentes, elles gagnent en élégance. Le jardin planté d'agrumes et de palmiers vous offrira un agréable moment de quiétude.

Plaça de Sant Francesc, 7 • ☏971 71 26 95 • Lun.-sam. 9h30-12h30 et 15h30-18h, dim. 9h30-12h30 • Entrée 3 €.

Pause solidaire : Es Pes de sa Palla

Ne passez pas à côté de ce bar-restaurant récemment relooké, situé à côté de la basilique de Sant Francesc. Son point fort ? Ses délicieux petits déjeuners avec des pâtisseries maison, ses tapas à partager et ses plats du jour concoctés avec les produits du potager. Un lieu pas comme les autres, puisqu'il fait partie d'une ferme-fondation qui emploie des personnes handicapées mentales. Chaque jour, ce sont elles qui s'appliquent à cuisiner et à servir les clients avec beaucoup de générosité.

13 ***Plaça del Pes de sa Palla, 3 • ☏971 72 25 05 • https://cafesbotiga.amadipesment.org/cafe-es-pes-de-sa-palla • Lun.-sam. 9h-17h • Tapas 1,50-6 €***

9 Església de Santa Eulàlia

Vous voici devant la plus ancienne église de Palma, édifiée au XIIIe s. sur le site d'une ancienne mosquée. Jacques II y fut couronné roi de Majorque en 1276. On y vient surtout pour grimper au sommet du clocher haut de 50 m, ajouté après le tremblement de terre de 1851. Vous serez récompensé d'un beau panorama sur les toits et les églises de la capitale.

Plaça de Santa Eulàlia, 2 • ☎ 971 71 46 25 • Lun.-ven. 9h30-12h et 18h30-20h30, sam. 10h30-13h et 18h30-20h30, dim. 18h30-19h30 et 21h-22h • Entrée gratuite • **Accès au clocher :** *avr.-oct. uniquement • 5€.*

Au nord du centre historique

10 Plaça Cort*

Cette place bordée d'élégantes façades marque la transition entre la ville ancienne et la ville moderne. Au centre se dresse un impressionnant olivier. Malgré son grand âge – estimé à 800 ans –, il n'est ici que depuis 1999 ! Il fut en effet déplacé d'une finca de Pollença et replanté ici comme symbole de paix.

On verra aussi **l'Ajuntament** (hôtel de ville), un imposant bâtiment baroque orné de cariatides. Son foyer abrite six marionnettes géantes destinées aux processions.

Can Corbella

De l'autre côté de la place s'élève **Can Corbella**, l'un des rares exemples subsistant du style néomudéjar en vogue à la fin du XIXe s. L'architecte a assemblé trois façades différentes en les couvrant d'une devanture boisée finement travaillée et décorée d'arches mauresques.

11 Plaça del Marqués del Palmer**

Cette petite place triangulaire se distingue par deux superbes exemples de style moderniste.

Almacenes El Águila**

Conçu en 1908 dans un pur style moderniste, cet immeuble fut d'abord un grand magasin, ce qui explique le nombre conséquent de fenêtres, destinées à flatter les collections d'une lumière naturelle.

Autre particularité ? Chacun des trois étages se décline dans un style légèrement différent : céramiques polychromes, motifs floraux, effets d'ondulation... Son entrée est souvent comparée aux édifices de la Sécession viennoise.

Can Forteza-Rey**

Cette maison est l'œuvre du bijoutier Lluís Forteza-Rey (1909), qui s'inspira du modernisme aussi bien pour ses parures que pour l'architecture de sa demeure. Les mosaïques colorées et irrégulières de la façade évoquent le style de Gaudí. On prétend d'ailleurs que le célèbre architecte catalan aurait participé au projet... Notez les motifs floraux, les balustrades triangulaires et les deux dragons surveillant les passants.

12 Plaça Major

Avec ses galeries décorées d'arches blanches et ses façades jaune soleil, elle s'impose comme la plus grande place de la ville. Aujourd'hui piétonne, elle est plutôt calme, animée par quelques étals en semaine et quelques restaurants assez touristiques : on la traverse plus qu'on ne s'y arrête.

Plaça Major

13 Plaça de Weyler

Plantée d'arbres, cette artère animée est elle aussi bordée de beaux exemples de style moderniste.

Caixa Forum Palm✦✦

Difficile de ne pas tomber en admiration devant la façade de l'ancien Gran Hotel, avec ses tourelles, ses balcons sculptés, ses céramiques inspirées de l'époque maure… Conçu par l'architecte catalan Lluís Domènec i Montaner en 1903, ce chef-d'œuvre moderniste fut le premier hôtel de luxe de la capitale. Imaginez donc : nul autre bâtiment à Palma n'avait à l'époque d'ascenseur, ni même l'électricité ! Rénové, le bâtiment accueille à présent des expositions temporaires.

Plaça de Weyler, 3 • ☎ 971 17 85 12 • https://caixaforum.es • Lun.-sam. 10h-20h, dim. 11h-14h • Entrée 6 €.

Forn des Teatre

Juste en face, au nº 9, se trouve un autre édifice moderniste. L'entrée, surmontée de motifs floraux entrelacés et d'un dragon doré, ouvrait autrefois sur une boulangerie mythique : lorsque le service postal aérien relia Palma à Barcelone en 1920, l'un des premiers envois fut un assortiment de leurs *ensaïmades* ! La boulangerie a fermé ses portes en 2017, le propriétaire n'ayant pas souhaité reconduire le bail. C'est un problème récurrent à Palma car, la ville étant en vogue, les grandes marques font pression pour y installer leur enseigne, aux dépends des commerces traditionnels…

14 La Rambla✦

Les habitants ralentissent le pas sur cette belle allée au dallage bleu et blanc. On vient y bavarder sur les bancs à l'ombre des platanes, ou à la terrasse des cafés. La promenade est ponctuée de petits kiosques de fleuristes débordant de roses, d'œillets, de fleurs exotiques et, contre toute attente, de quelques couronnes funéraires !

15 Museu Fundación Juan March✦✦

C'est le magnifique patio couvert qui attire d'abord le regard, avec son escalier de marbre et ses mosaïques au sol. Le musée, logé dans les étages, n'est lui que discrètement indiqué ! Juan March *(p. 28)* acquit cette demeure de style Renaissance en 1916, pour y mettre en avant la contribution espagnole à l'art moderne et contemporain. La collection, riche de 70 tableaux et sculptures, compte des œuvres aussi connues que *Le Perroquet* de Joan Miró (1937), *La Minotauromachie* de Pablo Picasso (1935), *Le Portrait de Luli Kollsman* de Salvador Dalí (1946) ou même *La Flaque* de Miquel Barceló (1989). On y perd vite la notion du temps…

C/ de Sant Miquel, 11 • ☎ 672 77 96 34 • www.march.es • Lun.-ven. 10h-18h30, sam. 10h30-14h • Entrée gratuite.

Le front de mer

16 La Llotja✦✦

L'ancienne Bourse du commerce (1450) doit sa prestance à Guillem Sagrera, architecte de l'entrée de la Seu. Charles V, lors de sa visite, la prit d'ailleurs pour une cathédrale... Il faut dire qu'elle en impose avec ses trois vaisseaux aux minces colonnes torsadées, ses tourelles et sa façade sculptée.

Il faut imaginer la Llotja au XVe s., lorsque Palma était au cœur des échanges maritimes. De jour s'y négociaient épices, soie et argenterie ; la nuit, elle accueillait bals et soirées costumées, rendez-vous de la noblesse majorquine. Elle perdit en importance au fil des siècles, servant simplement à stocker l'artillerie. Y sont aujourd'hui organisés des concerts et des expositions.

Plaça Llotja, 5 • ☎672 23 35 55 • Mar.-dim. 10h30-13h30 et 17h30-23h (nov.-Pâques : 10h30-13h30 et 16h-18h) • Entrée gratuite.

La Llotja

17 Es Baluard✦✦

Fièrement planté sur les remparts de la ville, le **musée d'Art moderne et contemporain** de Palma mérite un détour, ne serait-ce que pour profiter de la vue sur le port, avec la cathédrale d'un côté et le castell de Bellver de l'autre. On appréciera notamment la galerie consacrée à Miró (dont ses décors de théâtre), les céramiques de Picasso et les quelques tableaux de Barceló. Le complexe inclut l'ancien réservoir d'eau du quartier : son excellente acoustique en fait une salle de concerts exceptionnelle.

Plaça de la Porta de Santa Catalina, 10 • ☎971 90 82 01 • www.esbaluard.org • Mar.-sam. 10h-20h, dim. 10h-15h • Entrée 6€.

De l'art dans la rue

Autour d'Es Baluard, faites le tour des terrasses et des places, dont beaucoup sont décorées de sculptures géantes. La plus amusante est située sur la plaça Porta de Santa Catalina : une chapelle renversée de 7 m de haut, en équilibre sur son clocher, œuvre de l'Américain Dennis Oppenheim (1997).

Restos Bistrots

Casa Julio

Cantine de quartier 1

Avec sa terrasse face à l'église Santa Eulàlia et son style andalou des années 1980, Casa Julio fait le plein, été comme hiver. Mieux vaut arriver tôt si vous voulez une place. Le « menu del dia » est d'un si bon rapport qualité/prix que vous en ferez vite votre cantine !

C/ de la Previsio, 4 • ☏971 71 06 70 • T.l.j. 12h-16h30 • Menu 10-16 €.

Ca'n Joan de s'Aigo

Institution 2

Incontournable pour son décor hors d'âge, avec ses carreaux de ciment colorés au sol et ses lustres en verre de Murano qui pendent au plafond, ce bistrot historique l'est aussi pour ses *ensaïmades* aux abricots et ses chocolats chauds onctueux. Ils ont la réputation d'être les meilleurs de l'île ! Une adresse parfaite pour se sentir dépaysé dès votre premier jour à Majorque.

C/ Ca'n Sanç, 10 • ☏971 71 07 59 • www.canjoandesaigo.com • T.l.j. 8h-21h • Ensaïmades 2-3 €.

Ca'n Joan de s'Aigo

Flexas

Simple 3

Installé dans une vieille boutique, ce bar un peu déjanté, déjà prisé par la jeunesse de Palma, s'est reconverti, avec la crise sanitaire, en restaurant. Il faut dire que Xavi, le propriétaire, était connu dans le quartier pour faire des merveilles aux fourneaux. Il cuisine avec le cœur des plats savoureux – tartare de dorade, carpaccio de courgettes – qui changent de la gastronomie locale classique.

C/ de la Llotgeta, 12 • ☎ 971 42 59 38 • T.l.j. 19h-minuit (hors saison : mar.-mer. 18h-23h, jeu.-sam. 13h-23h) • Plat 7-11 €.

El Camino

Tapas 4

Vous allez adorer ce bistrot chic et décontracté, où l'on picore des tapas assis sur de hauts tabourets, devant un gigantesque comptoir en marbre. Difficile de faire un choix : calamars à l'Andaluz, croquetas de jambon, fleurs de courgettes farcies au fromage de chèvre…

C/ de Can Brondo, 4 • ☎ 971 72 35 29 • Facebook : El-Camino-Palma • Mar.-sam. 13h-16h et 18h-23h • Tapas 5-12 €, plat 11-17 €.

El Fornet de la Soca

Boulangerie 5

Rien que pour son décor, cette boulangerie mérite le détour : elle est installée dans le foyer d'un ancien théâtre ! Tomeu Arbona, le boulanger, se définit comme un « archéologue du goût » et réinvente ses tartes, *cocas*, *ensaïmades* et gâteaux avec du blé noir bio (parfois sans gluten).

Plaça de Weyler, 9 • ☎ 673 49 94 46 • https://fornetdelasoca.com • Lun.-sam. 9h-20h • Part de gâteau 3-4 €.

La Rosa Vermuteria

Tapas 6

Avec ses serveurs en tablier, son décor de carreaux de faïence jaunes et sa collection de bouteilles de vermouth, ce restaurant a ses adeptes. Midi et soir, l'ambiance bat son plein et les planches de tapas, revisitées avec talent, défilent à toute vitesse. Encore plus vibrant le samedi midi, quand Nacho, son propriétaire, se met aux platines pour une *playlist* années 70-90 électrique !

C/ de la Rosa, 5 • ☎ 971 77 89 29 • www.larosavermuteria.com • Mar.-dim. 12h-16h et 19h-23h • Plat 9-14 €.

S'Olivar

Slow food 7

Au rez-de-chaussée du marché de l'Olivar, ce bistrot élégant affiche de belles voûtes catalanes. Tous ses produits viennent du marché, et le menu change en fonction des approvisionnements. Les poissons locaux sont toujours en bonne place : croquettes de gambas de Sóller, calamars farcis, turbot sauvage…

Mercat de l'Olivar • ☎ 971 71 07 07 • Facebook : solivarcuinademercat • Lun.-jeu. 13h-16h30 (et soir ven.-sam.) • Plats 12-17 €.

LE TOP DES RESTOS TENDANCE À MAJORQUE

Ouverts récemment, ces restos font fureur dans les magazines d'art de vivre avec leurs couleurs naturelles et leur ambiance décontractée. Locavores, veggie, bio ou traditionnelles, petit tour de piste des adresses qui vont vous en mettre plein la vue, et pas seulement dans les assiettes !

Es Taller

Andana

Le restaurant écolo qui monte, qui monte… comme son chef étoilé ! Le cadre est une ancienne gare avec une cuisine ouverte en guise de guichets.

Voir p. 38 • Palma.

Spot

Après son triomphe à Barcelone, l'équipe récidive à Palma ! Chic, branché et décontracté pour une soirée entre amis.

Voir p. 51 • Baie de Palma.

Pleno

Tout nouveau, tout beau, avec des accents argentins. Les burgers gastronomiques sont à tomber !

Voir p. 50 • Baie de Palma.

Es Taller

Une expérience gustative pleine de surprises, concoctée par un chef touche-à-tout. À découvrir dans un garage qui ressemble à un loft.

Voir p. 71 • Valldemossa et la pointe ouest.

Ca na Toneta

Une atmosphère bohème pour une cuisine savoureuse au beau milieu de la campagne majorquine.

Voir p. 89 • Autour de Sóller.

Re Organic

L'esprit bio du sol au plafond ! Le week-end, ce bistrot sage se transforme en restaurant gastronomique détonnant.

Voir p. 87 • Autour de Sóller.

Un stand à tapas du mercat de Sant Joan

Andana

Écolo branché

8

L'un des restaurants les plus tendance du moment ! Dans un bel espace ouvert sur la cuisine, Maca de Castro, déjà auréolée d'une étoilée, remet au goût du jour des légumes anciens cultivés dans son potager et prône les « classico del jardín » (porc de ferme et poissons locaux). N'oubliez pas de réserver !

Plaça d'España, 6 • ☎ 971 10 02 01 • www.andanapalma.es • Dim.-mar. 13h-16h, mer.-sam. 13h-23h • Plats 10-20 €.

Sa Premsa

Traditionnel

9

Cette vieille cave à vins transformée en restaurant charmant attire du monde. Le service est efficace, les prix serrés et les menus copieux du déjeuner changent tous les jours. Le soir, laissez-vous tenter par les plats typiques majorquins, accompagnés d'un verre de vin local. Mention spéciale pour les œufs frits accompagnés de *sobrasada* !

Plaça del Bisbe Berenguer de Palou, 8 • ☎ 971 72 35 29 • www.cellersapremsa.com • Lun.-mer. 12h-16h, jeu.-sam. aussi le soir • Menu du jour 11-14 €.

Mercat de Sant Joan

Tapas chics

10

Il faut rejoindre les quartiers nord pour découvrir ces anciens abattoirs reconvertis en temple de la gastronomie. Chaque étal a été transformé en stand de *streetfood* ! On achète ses tapas version burger, tortillas, *pintxos*, *croquetas*… et on s'installe sur de grandes tables pour les déguster. Le jeudi soir, des groupes de musique assurent l'ambiance !

C/ de l'Emperadriu Eugènia, 6 • ☎ 971 78 10 04 • www.mercadosanjuanpalma.es • Mar.-sam. 12h30-minuit.

Bon Lloc

Végétarien 11

Dans une sublime maison du XVIe s., Bon Lloc égraine des recettes végétariennes originales en respectant les saisons : raviolis crus de betterave, fromage aux herbes, oranges et jus d'olives… Même chose en version gastronomique le soir.

C/ de San Feliu, 7 • ✆971 71 86 17 • www.bonllocrestaurant.com • Lun. 13h-16h, mar.-sam. 13h-16h et 19h30-22h30 • Plats 10-18 €, menu 15 €.

Botánic

Secret et chic 12

Ce restaurant d'un hôtel de luxe est littéralement noyé dans une végétation luxuriante. Plusieurs options alléchantes, mais la plus courue est le délicieux brunch du dimanche (10h-15h).

C/ Forn de la Glòria, 14 • ✆871 871 202 • www.canbordoy.com/botanic • Brunch 39 € (dim. 10h-15h).

VOIR AUSSI P. 30 :

Es Pes de sa Palla 13

Bars, clubs Sorties

Sant Francesc Singular

Rooftop 1

Vous ne regretterez pas de pousser la porte de ce palace : au dernier étage, on peut siroter son cocktail au-dessus des toits de la ville, avec la cathédrale en ligne de mire ! La terrasse de 200 m^2 prend des airs de lounge VIP avec, sous le patio couvert, une série de canapés éclairés par des bougies. Spectaculaire et cosy !

Plaça Sant Francesc, 5 • ✆971 49 50 00 • www.hotelsantfrancesc.com • Été : t.l.j. 11h-23h ; hiver : t.l.j. 11h-18h • fermé par mauvais temps • Cocktail à partir de 10 €.

Sa Jugueteria

Bar décontracté 2

Avec ses jouets aux murs, ce bar ne passe pas inaperçu. Clientèle plutôt jeune, qui vient prendre un verre et des tapas à partir de 21h. Le mardi, le bar est un incontournable de la « ruta martiana », un parcours où l'on passe de bar en bar avec une formule « tapa + bière » pour 2-3 €.

C/ del Pes del Formatge, 4 • ✆971 21 41 43 • Facebook : SaJugueteria • Mar.-sam. 19h30-2h30.

Biblioteca de Babel

Bar à vins insolite 3

Certains viennent ici pour acheter un livre, d'autres pour profiter de la petite terrasse en buvant un bon verre de vin. La carte en propose plus de 200 références ! Le week-end, des groupes musicaux jouent à l'extérieur. Une bonne adresse, à l'écart de la foule.

C/ Arabí, 3 • ✆971 72 14 42 • www.labibliotecadebabel.es • Verre de vin 3-5 € ; planches fromages ou charcuteries 15 €.

Bar Nicolas

Bar Nicolas

Bar à cocktails 4

Ce bar branché attire une clientèle jeune qui vient y boire un verre avec des tapas avant de poursuivre la soirée. Côté cocktails, il y a l'embarras du choix et les baristas sont à la hauteur de la collection de bouteilles qui tapisse le bar !

Plaça del Mercat, 19 • 971 72 40 78 • www.barnicolas.com • Lun.-sam. 12h-2h, dim. 12h-17h • Cocktails 10-12 €.

Door 13

Speakeasy 5

Impossible de trouver ce bar dissimulé dans une ruelle. Le sésame ? Le code d'entrée que l'on vous donne en vous inscrivant sur le site Internet. Au programme : bonne musique (*live* mer., ven., sam. et dim), cocktails et ambiance festive. Une bonne adresse à garder secrète!

C/ de les Caputxines, 13 • 669 22 26 98 • www.door13bar.com • Mer.-sam. 18h-1h • Cocktails 13 €.

Atlantico

Bar à cocktails 6

Un petit air « yankee » règne dans ce bar fréquenté jadis par les marines américains. Au plafond, une collection de casquettes et, sur les murs, les graffitis laissés par la *jet set* internationale. À partir de 23h, l'ambiance bat son plein et la rue piétonne devient incroyablement festive.

C/ de Sant Feliu, 12 • 971 72 62 85 • www.cafeatlantico.es • T.l.j. 18h-2h • Cocktails 7-8 €.

Nakar Hotel – Cuit Bar

Rooftop 7

Les terrasses ne sont pas si nombreuses à Palma, et celle-ci est l'une de nos préférées. De prime abord, ce boutique-hôtel semble très sage, mais ne vous fiez pas aux apparences et grimpez au 9e étage. Quand la piscine s'éclaire de néons et que les platines des DJ enflamment la piste, le *rooftop* passe en mode « club privé ».

Av. Rei Jaume III, 21 • ☏971 720 223 • www.nakarhotel.com • Mars-oct. : jeu.-sam. 19h30-2h • Cocktails à partir de 8 €.

Chapeau 1987

Bar à whiskies 8

Ce bar haut de gamme à l'écart du vieux Palma reste mythique depuis 40 ans. On y vient pour son ambiance feutrée et son impressionnante carte de whiskies et de cocktails (qui a même été élue « Meilleure carte de cocktails d'Espagne » en 2020). Au nº 77 du Passeig Mallorca, Matias, son propriétaire, a aussi ouvert Ginbo, un bar spécialisé dans les gins.

Passeig de Mallorca, 24 • ☏871 90 43 87 • T.l.j. 17h-2h. • Cocktails à partir de 9 €.

Abaco

Bar à cocktails 9

Que diriez-vous de siroter un verre au cœur d'un vieux palais baroque tellement kitsch que la visite à elle seule mérite le déplacement ? La carte des cocktails est aussi éclectique que la clientèle qui se presse ici chaque soir. Un voyage dans le temps envoûtant sur fond de musique classique.

C/ de Sant Joan, 1 • ☏971 71 49 39 • www.bar-abaco.es • T.l.j. 20h-1h • Cocktails 16 €.

Shopping Cadeaux

Convento de Santa Clara

Petits gâteaux 1

L'un des cadeaux les plus originaux que vous pourrez rapporter de Palma ! Au cœur d'un très vieux couvent, les sœurs clarisses fabriquent de délicieux petits gâteaux secs à l'anis, au café, à la fleur d'oranger… Pour commander, regardez les photos du classeur puis sonnez : une religieuse vous livrera à travers un tourniquet !

C/ de Can Fonollar, 2 • Lun.-sam. 9h-15h, 16h30-18h • Ballotin de 200g 3-5 €.

Vidrierias Gordiola

Verrerie 2

Fondée en 1719, cette verrerie est une institution. On peut y acheter des modèles uniques de verres, de candélabres ou d'huiliers aux mille couleurs… Les décorateurs de Barack Obama et de la reine Sofia auraient même passé commande !

C/ de la Victoria, 2 • ☏971 71 15 41 • www.gordiola.com • Lun.-ven. 10h-14h et 17h-20h, sam. 10h-13h30.

Mimbreria Vidal

Paniers 3

Envie de vannerie ? Cette boutique tenue par la même famille depuis 1955 est faite pour vous. Accrochés à la devanture, de beaux paniers attirent l'œil, mais ce n'est rien comparé aux trésors que vous verrez à l'intérieur !

C/ Corderia, 13 • ✆971 71 12 43 • www.mimbreriavidal.com • Lun.-ven. 9h30-13h30 et 16h30-20h, sam 9h30-13h30 • Fermé l'été.

La Osadía

Artisanat 4

Cette jolie maison met en lumière les coups de cœur artisanaux de Lucia et Miguel : à l'étage, des toiles abstraites d'artistes locaux ; au sous-sol, la collection de vêtements signée de Lucia ; entre les deux, des bijoux, des livres sur Palma, des céramiques, des sacs…

C/ del Pes del Formatge, 1 • ✆722 20 12 96 • Facebook.com : laosadia • Lun.-sam. 11h-14h30 et 17h-21h (hiver jusqu'à 20h) • Lampe 52-70€.

Mallorca Delicatessen

Épicerie 5

Une chaîne locale incontournable. Au milieu des piments suspendus, de délicieux fromages locaux, des vinaigres, des huiles, des herbes, des confitures, des miels et des sirops présentés dans de jolis flacons. On peut aussi les goûter en déjeunant sur place.

Plaça Weyler, 10 • ✆971 77 39 79 • www.mallorcadelicatessen.com • T.l.j. 8h30-23h • Sobrasada 12-16€, liqueur 26€.

Rialto Living

Concept store 6

Qui pourrait deviner un concept store de 1 300 m² derrière une vitrine aussi petite ? Créé par un couple de Suédois, c'est devenu le rendez-vous chic des Majorquins ! On y trouve de tout : des tissus, des livres, des vêtements, des objets décoratifs… et même un café-bistrot et un coiffeur !

C/ Sant Feliu, 3 • ✆971 71 33 31 • www.rialtoliving.com • Lun.-sam. 11h-19h.

Activités Détente

Café du cycliste

Virée à vélo

Cette boutique-café vend des vêtements de cyclistes, retransmet les courses et vous met en contact avec un loueur haut de gamme. Et surtout, une fois par mois, elle organise des sorties gratuites accompagnées.

Plaça del Rosarí, 5 • www.cafeducycliste.com • Mar.-sam. 11h-19h.

Evasion Authentic

Visites insolites

Saviez-vous qu'il y avait un quartier juif à Palma ? Connaissez-vous l'histoire de la casa Barceló, chef-d'œuvre moderniste ? Savez-vous où se trouve l'église des Templiers ? Autant de perles dénichées par Joana, guide francophone, qui vous accompagne dans des visites guidées de la ville.

www.evasionauthentic.com • Visite 1 journée : 95€/pers. (inclus repas et entrées dans les monuments).

PROMENADE D'UN PATIO À L'AUTRE

Chefs-d'œuvre de l'architecture locale, les magnifiques patios à l'entrée des hôtels particuliers font partie de l'identité de Palma. Réhabilités, ces espaces privés sont souvent protégés par une grille, mais celle-ci reste en principe ouverte ou permet facilement aux visiteurs d'admirer les lieux.

Dans la vieille ville

Depuis la cathédrale, longez les remparts jusqu'à la carrer de la Portella. En remontant la rue, jetez un œil à l'escalier en ellipse du **col·legi d'arquitectes** (n° 14), puis au **patio Can Morey de Santmartí** (n° 9), doté d'un bassin et d'une sculpture moderniste en marbre blanc. Un peu plus haut se trouve celui du **museu de Mallorca** (n° 5), non loin du joli **jardín de Brisbe**. Remontez jusqu'à **Ca n'Oleza** (carrer d'En Morei, 9), un patio majorquin traditionnel avec de larges arches soutenues par des colonnes ioniques et un puits. Plus haut, au n° 18, **Ca n'Ordines d'Almadrà** vous réserve une surprise : sous l'escalier se trouve une tombe romaine.

Le patio du Palau Vivot

Plus au nord

Tournez à gauche dans la carrer de l'Almudaina, et passez sous le portail gothique du n° 7 pour voir le **patio des Archives municipales (Ajuntament)**, joliment rénové. N'hésitez pas à entrer dans la mairie pour voir l'escalier encadré de deux géants, figures traditionnelles du patrimoine majorquin.

De là, remontez jusqu'au **Palau Vivot** (carrer de Can Savellà, 4), un vrai bijou avec ses colonnes de marbre rouge. Finissez à **Can Cera** (carrer de Sant Francesc, 8) dont les galeries abritent un café : idéal pour profiter de l'atmosphère !

LA BAIE DE PALMA

2

Vers l'ouest, le front de mer, bordé de palmiers, conduit d'abord à un quartier riche en galeries d'art, bars et restaurants. Toujours très animé la nuit, il est surnommé « le Soho de Palma ». Plus loin, une piste cyclable longe toute la baie et mène à des monuments exceptionnels, qui permettront d'oublier le littoral un peu trop bétonné.

La plage de Portal Nous

1 Quartier de Santa Catalina✦

En franchissant à l'ouest l'avinguda de l'Argentina, on quitte la vieille ville pour entrer dans un ancien quartier de pêcheurs émaillé de maisons basses aux murs souvent couverts de graffitis. L'ambiance devient plus industrieuse et plus populaire, comme en témoignent les trois moulins rénovés qui surplombent la mer – les derniers qui restent encore debout, alors que la région en comptait près de 1 000 au XVe s. !

Dans ces ruelles rectilignes, il règne en journée une vie de quartier à la fois cosmopolite et authentique. Le soir venu, en revanche, c'est une autre histoire : de la calle Magí, l'artère principale célèbre pour ses bars, jusqu'au port de plaisance et son fameux Passeig Maritim bordé de palmiers, l'ambiance devient très festive. C'est là qu'il faut aller danser jusqu'au bout de la nuit !

Le castell de Bellver

Mercat Santa Catalina

Créé en 1905, ce marché couvert est l'un des plus anciens de Palma, et incontestablement l'un des plus authentiques. Situé non loin de la mer, il permettait aux pêcheurs d'y vendre directement leurs prises du jour. Aujourd'hui, on déambule parmi une cinquantaine de stands où alternent producteurs locaux, épiceries, boucheries, charcuteries, poissonneries… Comme tous les grands chefs de Majorque, arrêtez-vous au bar Can Joan Fran pour goûter aux meilleures tapas de l'île !

Plaça de la Navegació • Lun.-sam. 7h-14h.

2 Poble Espanyol

Voilà un bien curieux « village » ! Franco ordonna dans les années 1960 de reproduire ici 72 bâtiments emblématiques de l'Espagne – monuments prestigieux ou édifices typiques –, à une échelle juste assez grande pour laisser entrer les visiteurs : maisons, églises, forteresses, Alhambra de Grenade… On peut assister et même participer à des ateliers d'artisanat.

C/ del Poble Espanyol, 55 • Accès en bus « Hop on, Hop off » ou lignes EMT n° 5, 29, 46, puis 5 min de marche • ☎971 73 70 70 • Avr.-sept. t.l.j. 9h-19h ; oct.-mars t.l.j. 9h-17h • Entrée 6 €.

3 Castell de Bellver✦✦

C'est l'un des plus beaux châteaux gothiques d'Espagne ! Planté sur une colline à l'extérieur de la ville, il porte bien son nom, Bellver se traduisant par « belle vue ». Cette étonnante structure circulaire fut construite en 1300 à la demande de Jacques II, qui souhaitait y habiter. Le monarque confia la tâche au même architecte que celui du palais de l'Almudaina, qui avait su harmoniser rigueur militaire et élégance royale.

La cour intérieure, bâtie sur un réservoir d'eau, est entourée de deux étages d'arcades – en plein cintre au rez-de-chaussée, gothique à l'étage. Vous y découvrirez le **musée d'Histoire de la ville**, qui retrace l'histoire de Palma de l'ère talayotique à nos jours.

Négligé par la royauté qui n'y séjourna finalement que très peu, le bâtiment servit de prison militaire du XVIIIe au XXe s. : on peut encore voir les graffitis des prisonniers, gravés dans la pierre au niveau des toits. Détail amusant, le donjon, séparé de l'ensemble, est relié au château par une passerelle.

C/ Camilo José, à 3 km du centre-ville • Le bus touristique « Hop on, Hop off » dessert directement le château • Les lignes EMT n° 4, 20 et 46 vous déposeront à 20 min de marche (attention, ça grimpe !) • ☎ 971 73 50 65 • http://castelldebellver.palma.cat • Avr.-sept. : mar.-sam. 10h-19h, dim. 10h-15h ; oct.-mars : mar.-sam. 10h-18h, dim. 10h-15h • Entrée 4 € • Vis. guidée gratuite en anglais mar.-sam. à 11h • Concerts de musique classique certains soir en été (voir p. 52).

4 Miró Mallorca Fundació+++

Dans les années 1950, Joan Miró était déjà reconnu comme l'un des plus grands artistes espagnols. Il exprima alors le désir d'entamer une nouvelle phase de son œuvre, en travaillant à grande échelle. Mais sa demeure sur la carrer Minyones, dans le centre-ville de Palma, était trop petite pour ses ambitions. Il demanda donc en 1955 à son ami l'architecte catalan Josep Lluís Sert de lui construire une nouvelle maison-atelier au-dessus de la Cala Major. Cette demeure reçut le doux nom de « Forteresse d'albâtre », et Miró y passera les 30 dernières années de sa vie. À sa mort, Pilar, son épouse, elle-même majorquine, donna la permission de transformer la propriété en musée.

C/ Joan de Saridakis, 29 • ☎ 971 70 14 20 • www.miromallorca.com • Mi-sept.-mi-mai : mar.-sam. 10h-18h, dim. 10h-15h ; mi-mai-mi-sept. : mar.-sam. 10h-19h, dim. 10h-15h • Entrée 9 € ; gratuit le sam. à partir

Pause iodée : La Parada del Mar

Dans le quartier de la fondation Miró, cette « cantine de la mer » est très fréquentée par les Majorquins, qui viennent là en famille. Comme au marché, on paie au poids ses poissons et ses coquillages choisis sur l'étalage. Fraîcheur garantie ! Il ne reste plus qu'à aller s'asseoir le temps qu'on vous le cuisine à votre convenance : vous serez appelé dès que ce sera prêt ! Les prix sont beaucoup plus raisonnables que dans les restaurants de poissons du front de mer.

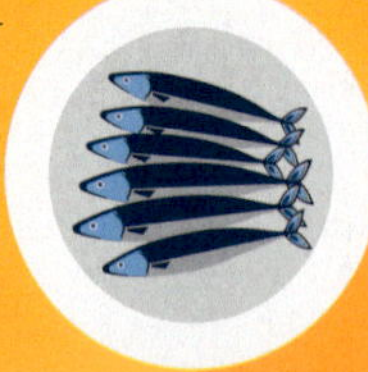

19 *Av. Joan Miró, 244 • ☎ 971 59 27 06 • www.laparadadelmar.com • Mar.-sam. 13h-15h30 et 20h-23h, dim. 13h-15h30 • Poisson au poids : 20-35 €/kg.*

Dessins de Joan Miró

de 15h et le premier dim. du mois ainsi que les 1er mars, 18 mai, 24 juin et 19 déc.

Des lieux inspirés

Le domaine comprend trois constructions. On trouve d'abord une **ancienne finca**, plutôt intime, sur les murs de laquelle Miró esquissait les projets de ses œuvres à même les murs. Ses dessins au charbon de bois sont toujours là, accompagnés de photos montrant l'artiste en plein travail. Le cellier lui servait de **cabinet de curiosités** : branches torsadées, artefacts traditionnels, éclats de poteries, feuilles séchées… Autant de sources d'inspiration pour ses toiles. À l'étage, Miró s'était réservé une pièce dénudée pour se ressourcer.

Dans l'antre du génie

L'**atelier de Miró**, laissé en l'état, est particulièrement émouvant. Rien n'a bougé depuis sa mort : châssis de toutes tailles appuyés sur un enchevêtrement de meubles, pigments mélangés dans des tasses à café, tubes de gouache… On a l'impression que l'artiste vient juste de s'absenter !

Selon le souhait de Miró, cette pièce toujours très lumineuse allie architecture et sculpture : les toits évoquent ainsi des oiseaux stylisés en plein vol. C'est ici que le génie finalisait ses projets dans le plus grand silence… et le plus grand secret, car famille et invités n'entraient qu'exceptionnellement !

L'atelier de Joan Miró

Joan Miró

Natif de Barcelone, Joan Miró (1893-1983) tenait de sa mère des racines majorquines. Enfant, il passait presque tous ses étés sur l'île, à Sóller, chez ses grands-parents. C'est d'ailleurs à Majorque qu'il commença à dessiner : moulins, château de Bellver, Llotja... Plus tard, il épousera Pilar Juncosa, une fille du pays. Autant dire que Palma et les îles Baléares étaient chères à son cœur. Et Majorque lui rend bien cet amour, car on y trouve de nombreuses œuvres de l'artiste, tant dans les musées qu'en plein air !

Une collection unique

Un bâtiment moderne a été ajouté en 1992, avec de grandes baies vitrées pour mettre en valeur les peintures, esquisses et sculptures, chacune annotée d'explications. Le fonds, exceptionnel, comprend environ 5 000 œuvres exposées par roulement.

N'oubliez pas de faire un tour dans le jardin, ponctué de sculptures.

5 Coves de Gènova

Ce ne sont pas les grottes les plus spectaculaires, mais, si vous décidez de résider seulement à Palma, ce sont les plus proches. Découvertes en 1906 à 36 m sous terre, elles impressionnent par leurs nombreuses stalagmites et stalactites superbement éclairées.

C/ Barranc, 45 • ✆ 971 40 23 87 • www.cuevasdegenova.com • Mar.-dim. 11h-17h • Entrée 10 €.

6 Palma Aquarium✦

Cet aquarium moderne en bord de mer est l'un des plus grands d'Europe ! Le complexe accueille en effet plus de 8 000 espèces, réparties dans 55 bassins, recréant des univers marins spectaculaires. Un tunnel transparent permet de voir évoluer de près une dizaine de requins. Si vous êtes téméraire et titulaire d'un diplôme de plongée, vous pourrez même vous inscrire pour nager avec eux !

C/ Manuela de los Herreros, 21 • ✆ 902 70 29 02 • www.palmaaquarium.com • Entrée 23 € ; enfants 14 €.

LE TOP DES BAIGNADES PRÈS DE PALMA

Pas besoin de faire des heures de voiture pour trouver une plage, car les lieux de baignade ne manquent pas dans la baie de Palma. Vers l'est, place aux longues plages de sable bordées d'hôtels ; à l'ouest, ce sont plutôt des criques rocheuses à l'ambiance assez chic. Une voiture sera nécessaire pour rejoindre la plupart d'entre elles.

À proximité de la vieille ville

Trois possibilités, assez fréquentées mais agréables : la plage de **Can Pere Antoni**, la plus proche (1 km E) ; puis la **Cala Portitxol** et la **plage de Ciudad Jardín**, qui longent d'anciens villages de pêcheurs, avec leurs maisons colorées. On peut les rejoindre à vélo ou par le bus EMT n° 35.

À l'est de Palma

À partir de l'aéroport, la baie est bordée en continu par l'immense **plage de Palma** : 4,5 km de sable blanc jusqu'à S'Arenal, ponctués de grands hôtels.

L'immense plage de Palma

Pour plus de calme, direction le cap Enderrocat, avec la délicieuse crique de **Cala Blava** (17 km S-E), aux eaux translucides, bordée de pins et de jolies maisons.

À l'ouest de Palma

Pour s'isoler dans une crique, cap à l'ouest. Premier arrêt : **Cala Comtessa** (11 km S-O), une petite calanque aux eaux transparentes, ourlée de sable et dominée par une pinède. Le petit îlot en face se rejoint facilement à la nage.

Juste après, **Portals Nous** est une sorte d'enclave chic où les célébrités viennent amarrer leur yacht et faire la fête… Ambiance paillettes et cocktails au soleil couchant !

À 15 km O de Palma, **Palma Nova** est appréciée des familles pour ses trois belles plages de sable blanc. De l'autre côté du cap, la **plage de Magaluf** est aussi idéale en famille… le jour du moins : la nuit, le secteur appartient aux fêtards allemands et britanniques, qui s'offrent des soirées très arrosées.

Restos Bistrots

Can Eduardo

Produits de la mer 14

Le top côté fraîcheur : ce restaurant ouvert depuis les années 1950 est situé face au port et s'approvisionne directement au marché d'à côté ! Au menu, rien que du poisson et des crustacés locaux, dans des paellas et des *fideuas* (version avec des cheveux d'ange) aux accents iodés.

C/ Contramuelle Mollet, 3 • 971 72 11 82 • www.caneduardo.com • T.l.j. 13h-23h • Poissons grillés 25-30 €.

Pleno

Streetfood revisitée 15

Il fallait du cran pour ouvrir ce restaurant en pleine crise sanitaire. Et en plus, Adrian et Marcelo Tucci ont décidé de voir les choses en grand, si bien que Pleno est devenu en très peu de temps « *the place to be* » ! Sur les murs, des collections de conserves faites par Marcelo ; dans l'assiette, du très bon, des sandwichs XXL faits maison avec des produits locaux et des hamburgers qui n'ont pas leur pareil.

Av. de l'Argentina, 31 • 971 77 82 63 • Ven.-mer. 9h-minuit (fermé jeu.) • Plat 12-14 €.

El Perrito

Sur le pouce 16

Un bistrot facile à reconnaître avec son petit chien *(perrito)* peint sur sa façade. On vient souvent y déjeuner ou bruncher après un détour au marché de Santa Catalina. Au menu : de délicieuses *empanadas* (un chausson de pâte feuilletée traditionnel d'Amérique du Sud, car le propriétaire est argentin), des œufs bénédictes à tomber, des salades, des hamburgers savoureux…

C/ d'Anibal, 20 • 613 00 65 73 • Facebook : elperritocafe • Lun.-sam. 8h-20h, dim. 9h-16h • Plats 5-10 €.

El Duke

Cuisine du monde 17

El Duke est sans aucun doute le restaurant préféré des habitants du coin ! Avec son décor coloré d'inspiration hawaïenne, il attire immanquablement l'œil des passants. Ronny, le jeune chef, a beaucoup voyagé et s'inspire de la cuisine du monde pour réinterpréter les ceviches, mezzés, tagines et autres tacos, avec une touche majorquine inédite. À la fois créatif et abordable. Un succès qui ne se dément pas, alors pensez à réserver !

Calle Soler, 36 • 971 07 17 38 • www.dukepalma.com • Mar.-sam. 13h-15h30 et 18h30-23h • Plats 10-24 €.

Spot

Chic et décontracté 18

Cette enseigne d'un groupe barcelonais propose une cuisine du marché savoureuse à base de tapas, de carpaccios de légumes et de tartares de poissons. Une atmosphère chic et relaxe dans un bel espace à la déco scandinave, qui colle à merveille avec les recettes qui ont déjà fait le buzz sur la Barceloneta. Mention spéciale pour la pizza negra !

Plaça de la Verge del Miracle, 3 • ☎971 658 603 • www.encompaniadelobos.com/spot-mallorca • T.l.j. 13h-15h30 et 20h-23h30 • Plats 10-20 €.

VOIR AUSSI P. 46 :

La Parada del Mar 19

Bars, clubs Sorties

Caoba

Bar à cocktails 10

Albert et Damien se sont associés pour ouvrir ce bar à cocktails branché et décalé. Leur secret ? Des créations naturelles à base de rhubarbe, d'hibiscus, de lemongrass, de clémentine, qu'ils associent à des alcools locaux. En guise de décor, des étagères garnies de jolis flacons en verre taillés et une lumière tamisée. *So chic !*

Calle Sant Margi, 61 • ☎971 10 07 88 • www.caobaspirit.com • Lun.-sam. 18h-2h30 (hiver à partir de 19h) • Cocktails 9-12 €.

Préparation d'un cocktail au du Caoba

Flamallorca

Flamenco 11

Dans une petite salle de spectacle de Santa Catalina, une chanteuse, un percussionniste-chanteur, une danseuse et un guitariste se sont donnés rendez-vous pour un tour de piste des grands chants traditionnels du flamenco, sur fond de danses rythmées. Un show à ne pas rater !

C/ Caro, 52 • ☏625 95 90 96 • www.flamallorca.com • Spectacle dernier sam. du mois à 21h : 25€.

Ventuno

Bar à cocktails 12

Aussi bondé à l'intérieur qu'à l'extérieur, ce bar fait fureur et son ambiance est survoltée ! En guise de tapas, des *aperitivos* aux accents italiens dont les fameux *cozze della mamma* (champignons au vin blanc), qui accompagnent à merveille une carte de vins italiens et de cocktails longue comme le bras.

C/ San Magi, 60 • ☏871 77 36 08 • Facebook : ventunobarmallorca • Lun.-sam. 18h-2h • Cocktails 9€, tapas 6€.

Tito's

Club 13

Pour retrouver l'ambiance d'Ibiza, embarquez à bord de cet ancien paquebot où se retrouvent les plus grands DJ. Dans les trois salles, les shows s'enchaînent au son de la house et de la danses. En été, la scène extérieure domine Palma.

Passeig Maritim, 31 • ☏971 73 00 17 • www.titosmallorca.com • T.l.j. en été ; jeu.-sam. en hiver.

Castell del Bellver

Concerts classiques 14

Entre fin juin et début août, la cour du château de Bellver accueille l'orchestre des Baléares pour des concerts de musique classique exceptionnels. L'éclairage nocturne de la cour ovale, avec ses superbes colonnettes, rendent le moment tout simplement magique !

Voir p. 45 • http://simfonicadebalears.net • Place à partir de 30€.

Garito Café

Bar à cocktails 15

Sa terrasse ouverte sur le port offre à ce bar vintage un bel espace pour écouter des groupes musicaux au répertoire plutôt éclectique. L'ambiance est au rendez-vous, les cocktails nombreux et les tapas délicieuses.

Darsena de Ca'n Barbara • ☏971 48 56 44 • www.garitocafe.com • Été : t.l.j. 20h-4h ; hiver : jeu.-sam. 20h-4h.

Puro Beach

Bar-Club 16

Posé sur une digue au bord de l'eau, ce club branché se reconnaît à son décor blanc immaculé. C'est l'endroit idéal pour prendre un verre au coucher du soleil, au son d'une *playlist* d'enfer ! Petit bonus : au pied du Puro se trouve la Cala Estancia, une petite crique aux eaux transparentes… Magique !

C/ del Pagell, Cala Estància, 1 • ☏971 74 47 44 • www.purobeach.com • T.l.j. de 11h à tard dans la soirée (fermé hors saison).

Activités Détente

Zoea Mallorca

Plongée

Envie d'une plongée au large de Palma ? Zoea s'occupe de tout ! L'agence est installée à Santa Ponsa, à 10 min en voiture d'un des plus beaux spots de la baie : El Toro et les îles de Malgrats. Idéal pour un baptême de plongée ! Pour les habitués, le centre propose en été deux plongées de 45 min par jour (une seule en hiver). Également de magnifiques excursions de snorkeling (3h).

Club nautique de Santa Ponsa, via Creu, 46 • ☏971 69 14 44 • www.zoeamallorca.com • Plongée 64 €, snorkeling 42 €.

Marco Polo

Balade en bateau

Envie de prendre le large pour mieux repérer sa plage idéale ? La compagnie locale Marco Polo sillonne les rivages d'El Mollet, Porto Pi, le Dique del Oeste… Une balade qui permet non seulement d'admirer la cathédrale de loin, mais aussi de profiter d'un petit vent marin très agréable

Moll de Golondrinas, Passeig Maritim • ☏647 84 36 67 • www.crucerosmarco polo.com • Mai-oct. 10h-20h30 • Sortie 12 €.

La terrasse du Puro Beach

LA SERRA DE TRAMUNTANA

Cette chaîne de montagnes époustouflante s'étire sur 90 km et couvre près de 30% du territoire de l'île. Souvent décrite comme l'épine dorsale de Majorque, elle culmine au Puig Major, haut de 1455 m. Le paysage verdoyant est parsemé de villages au charme d'antan, encore entourés des terrasses agricoles conçues par les Maures pour récolter l'eau de pluie. Toujours en état, elles sont plantées d'oliviers, de vignes, de vergers d'agrumes... Cette richesse naturelle, architecturale et culturelle est d'ailleurs inscrite au Patrimoine mondial de l'Unesco.

La côte vers Banyalbufar

N
MER MÉDITERRANÉE
Cala Tuent
5 Port de Sóller
14, 15, 4, 5
Fornalutx
17
16
Cala de Deiá
19
1 Son Marroig
9
Biniara
Deià 2
10, 11, 3, 3
1 Monestir de Miramar
Sóller 4
12, 13,
4, 3, 4, 5
3 Jardines de Alfàbia
8 Es Canonge
10 Valldemossa
4, 5, 6, 2, 1
7 Banyalbufar
Bunyolà
Torre des Verger
3
MA 1030
2
Esporles
S. Mar
del Car
6 Estellencs
9 La Granja
7
MA 11
Es Grau
1
8
MA 1040
MA 1110
MA 10
VISITE 4 p. 76
MA 13
Sa Dragonera 5
MA 13A
La Trapa
2
Palma
Sant Elm 4
1
MA 1030
VISITE 3 p. 62
Andratx 2
Calvià
Bellver
AÉROPORT DE PALMA DE MALLO
Portixol
1
3 Port d'Andratx
2
Camp de Mar
Peguera
Baie de Palma
MA 1C
MA 1C
Portals Nous
Palma Nova
Magaluf
S'Arenal
Cala Fornells 1
Portals Vells

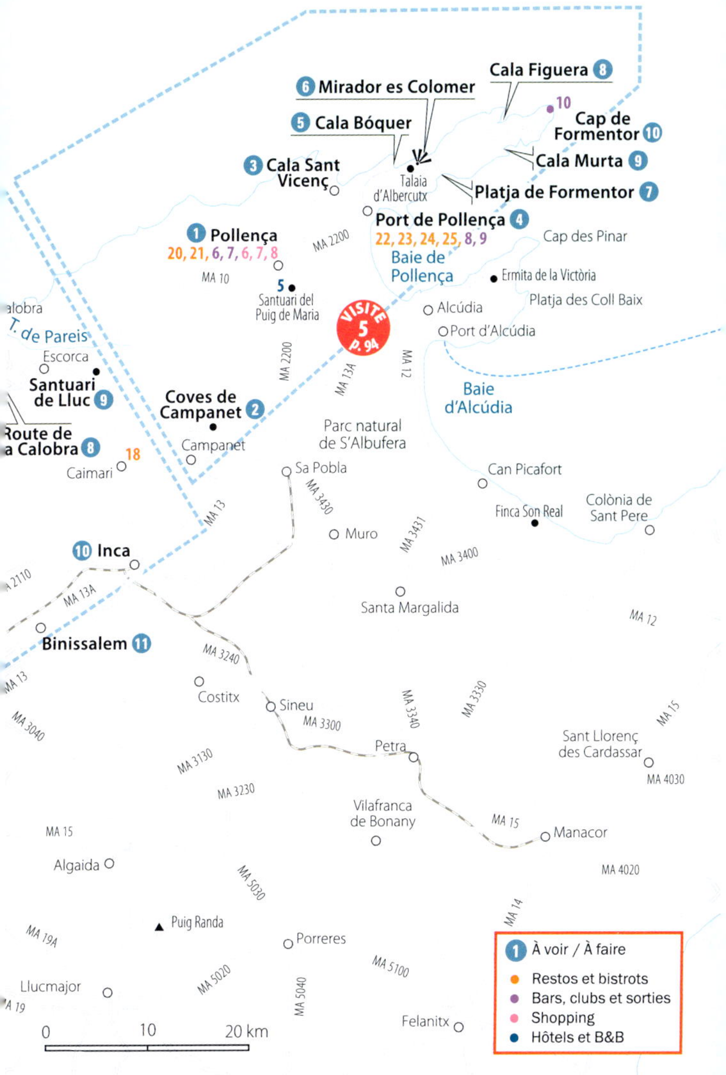

Cala Figuera 8
6 Mirador es Colomer
10
Cap de Formentor 10
5 Cala Bóquer
Cala Murta 9
3 Cala Sant Vicenç
Talaia d'Albercutx
Platja de Formentor 7
Port de Pollença 4
22, 23, 24, 25, 8, 9
Cap des Pinar
1 Pollença
20, 21, 6, 7, 6, 7, 8
MA 2200
Baie de Pollença
MA 10
5 Santuari del Puig de Maria
Ermita de la Victòria
Platja des Coll Baix
Alcúdia
alobra
T. de Pareis
VISITE 5 p. 94
Port d'Alcúdia
Escorca
Santuari de Lluc 9
MA 2200
MA 13A
MA 12
Coves de Campanet 2
Baie d'Alcúdia
Route de a Calobra 8
18
Campanet
Parc natural de S'Albufera
Caimari
Sa Pobla
Can Picafort
MA 3430
MA 13
Finca Son Real
Colònia de Sant Pere
Muro
MA 3431
10 Inca
MA 3400
MA 2110
MA 13A
Santa Margalida
MA 12
Binissalem 11
MA 3240
MA 13
Costitx
Sineu
MA 3300
MA 3340
MA 3330
MA 15
MA 3040
Petra
Sant Llorenç des Cardassar
MA 3130
MA 4030
MA 3230
Vilafranca de Bonany
MA 15
Manacor
MA 15
Algaida
MA 4020
MA 5030
MA 14
Puig Randa
MA 19A
Porreres
MA 5100
MA 5020
Llucmajor
MA 19
MA 5040
Felanitx
0
10
20 km
1 À voir / À faire
Restos et bistrots
Bars, clubs et sorties
Shopping
Hôtels et B&B

À SAVOIR

Se déplacer

En train

Un vieux train désuet relie Palma à Sóller *(p. 81)*. Depuis Sóller, on peut rejoindre Port de Sóller par un tramway historique tout aussi charmant *(p. 82)*.

La ligne de train T1 relie Palma à Inca via Binissalem.

Départ ttes les 15-20 min (35 min de trajet).

En bus

Le premier chiffre du numéro de la ligne indique la direction : 1 pour le sud-ouest, 2 pour l'ouest, 3 pour le nord. Certaines destinations ne sont desservies qu'en saison, comme le phare de Formentor ou Sa Calobra.

Depuis Palma : le bus n° 102 dessert Cala Fornells, Andratx et Port d'Andratx ; le bus n° 200 relie Esporles, Banyalbufar et Estellencs ; le bus n° 210 dessert Valldemossa, Deià, Sóller et Port de Sóller ; le bus n° 211 relie les jardins d'Alfàbia, Sóller et Port de Sóller ; le bus n° 340 relie Inca, Pollença, Cala Sant Vincenç et Port de Pollença.

Autres liaisons régulières : le bus n° 100 relie Andratx à Sant Elm ; le bus n° 212 relie Port de Sóller, Sóller, Biniaraix et Fornalutx ; le bus n° 330 relie Inca au monastère de Lluc ; le bus n° 333 relie Inca aux grottes de Campanet.

En saison uniquement : le bus n° 355 relie Port de Pollença au monastère de Lluc et à Sa Calobra ; le n° 353 relie Port de Pollença au phare de Formentor ; le n° 354 relie Port de Sóller à Port de Pollença.

Infos sur les horaires et carte du réseau sur www.tib.org

En voiture

Les routes de la côte sont très sinueuses et étroites. L'été, elles sont très fréquentées et des bouchons se forment à l'approche des villages. Visitez Deià, Valldemossa ou Banyalbufar tôt le matin pour profiter des parkings, sinon vous serez peut-être obligé de rebrousser chemin ! De toute façon, la plupart des villages sont si petits qu'il est presque impossible de s'y garer, et il faut souvent stationner à l'écart.

Le **tunnel de Sóller** fait économiser beaucoup de temps, mais son péage est assez cher (5 €).

La plupart des plages disposent de **parkings payants** (environ 3 €/h ; 20 €/j., en espèces seulement).

Nos marchés préférés

Port de Pollença et **Andratx** : mer. ; **Inca** : jeu (le plus grand de l'île) ; **Sóller** : sam. ; **Pollença** et **Valldemossa** : dim.

Manifestations

2e w.-e. de mai : Es Firo (Sóller)
Sóller célèbre la victoire de la ville contre les Maures au XVIe s., avec des défilés costumés.

2 août : La Patrona (Pollença)
Fête exhubérante de la patronne de la ville, également en souvenir de la victoire des chrétiens contre les Maures.

1er w.-e. d'oct. : Fira d'Alcùdia
Grande foire traditionnelle et parade costumée.

À vélo

La Tramuntana est un véritable paradis pour les cyclistes, mais si vous n'êtes pas chevronné, abstenez-vous : les routes sont étroites et grimpent sérieusement ! Dès le mois de juin, le tronçon jusqu'au phare de Formentor est fermé aux voitures. C'est une bonne occasion pour louer un vélo à Port de Pollença *(p. 103)* et sillonner les 20 km (en 1h30 environ). Petit conseil : privilégiez un vélo électrique !

En bateau

Liaisons en saison entre Port d'Andratx et Sant Elm.

☎ 638 77 90 01 • www.crucerosmargarita.com/watertaxi.php • 10 € aller simple.

Liaison en saison entre Port de Sóller et Sa Calobra, avec arrêt possible à Cala Tuent sur demande.

Ferry Barcos Azules : ☎ 971 63 01 70 • www.barcosazules.com • 21 €/aller, 30 € A/R.

Croisières en été vers le cap de Formentor depuis Port de Pollença.

Lanchas La Gaviota : ☎ 971 86 40 14 • De 16 à 30 €.

Où dormir ?

Dormir à Valldemossa ou Sóller permet de profiter de l'atmosphère tôt le matin et tard le soir, loin de la foule. Il y a quelques adresses charmantes... à condition de réserver plusieurs mois à l'avance ! Si vous préférez le bord de mer, Port de Pollença jouit d'une très belle plage et est pratique pour découvrir le cap de Formentor.

Infos touristiques

Office de tourisme d'Andratx
☎ 971 62 80 19 • www.visit-andratx.com

Office de tourisme de Valldemossa
☎ 971 61 20 19 • www.visitvalldemossa.com

Office de tourisme de Sóller
☎ 608 552 800 • https://visitsoller.com/fr/

Office de tourisme de Pollença
☎ 971 53 50 77 • www.pollensa.com/fr/

Astuces

Infos randos
L'appli « Watch About ! » propose des itinéraires détaillés de randonnées dans la Tramuntana. Disponible en français.

http://www.watchaboutapp.com/

LA RUTA DE PIEDRA EN SEC

Également connue sous le nom de GR 221, la « route de pierres sèches » est la randonnée mythique de Majorque. D'un bout à l'autre de la Tramuntana, elle suit un tracé ancestral qui sillonne dans un paysage exceptionnel, composé tantôt de massifs sauvages, tantôt de terrasses de pierres couvertes de vergers. Une plongée merveilleuse au cœur de la partie la plus authentique de Majorque, classée au Patrimoine mondial de l'humanité par l'Unesco.

L'itinéraire

La route de pierres sèches compte 262 km de sentiers balisés, la plupart du temps pavés de superbes grosses pierres. Elle traverse la serra de Tramuntana d'Andratx à Port de Pollença, en passant par les plus hauts sommets de Majorque. Les randonneurs effectuent traditionnellement le trajet en huit jours, qui peuvent parfois être étendus par des randonnées sur 191 km de sentiers annexes. Le tracé est en continuelle évolution et de nouveaux tronçons voient régulièrement le jour.

INFORMATIONS PRATIQUES

- Il existe plusieurs refuges sur le tracé classique : à Estellencs, Deià, Port de Sóller, Escorca, Lluc et Pollença. Notre hébergement préféré est Tossals Verds à Escorca, au milieu des champs d'amandiers.
- Pensez à réserver chacune de vos nuits avant de partir : www.gr221.info/refugios.htm
- Les liaisons en bus (TIB) sont particulièrement pratiques (et écoresponsables) pour rejoindre l'un des villages qui jalonnent le parcours.
- Les randonnées au départ de Pollença vers Lluc et Sóller sont plus faciles car elles descendent.
- Les tronçons au sud-ouest sont moins bien balisés que ceux au nord-est. Choisissez des étapes courtes pour commencer.
- Prévoyez d'emporter de l'eau car il y a très peu de points de ravitaillement, sauf dans les refuges.

Les 8 étapes classiques

1 Port d'Andratx – San Elm – La Trapa

3h45. Vues magnifiques sur l'île de Sa Dragonera. Difficulté moyenne.

2 La Trapa – Coll de sa Gramola – Estellencs

7h15. Un tronçon pour randonneurs avertis, au cœur de paysages sauvages. Assez difficile.

3 Estellencs – Banyalbufar – Esporles

5h. Jolis points de vue sur les terrasses de cultures de Banyalbufar. Assez facile.

4 Esporles – Valldemossa – Deià

6h30. On longe le magnifique « chemin de l'Archiduc », avec des vues époustouflantes sur la mer et sur tout le sud de l'île. Assez difficile.

5 Deià – Port de Sóller

3h15. Belle excursion assez facile, même avec des enfants.

6 Port de Sóller – Sóller – Barranc de Biniaraix – Tossals Verds

8h. Sans aucun doute le plus beau tronçon, avec un superbe parcours en montagne ponctué de torrents, de gorges et de chemins de pierre. Deux parties sont particulièrement spectaculaires : le **Barranc de Biniaraix** *(p. 93)*, à travers de superbes cultures en terrasses, et la partie **entre Sóller et Tossals Verds** – notre préférée ! –, avec des paysages sauvages spectaculaires. Revers de la médaille, c'est aussi le tronçon le plus long et le plus fatiguant, avec beaucoup de dénivelé. Dans sa totalité, il est donc réservé aux randonneurs aguerris.

Petite astuce : en partant de Sóller, on raccourcit le parcours d'1h30.

7 Tossals Verds – Lluc

5h. De magnifiques paysages de forêts et de montagnes, avec des passages de cols. Assez difficile.

8 Lluc – Port de Pollença

6h. Une randonnée d'abord difficile, avec le passage du col Pellat, mais qui devient plus facile entre la vieille ville de Pollença et le port.

Astuce : en vous arrêtant à Pollença, vous économisez 1h30.

Sentier dans la pinède

VALLDEMOSSA ET LA POINTE OUEST

3

Plébiscitée par les *jet-setters* du monde entier, Andratx est le point de départ d'une route panoramique en direction de Valldemossa, le village des amours cachées de George Sand et Frédéric Chopin. Un parcours romantique ponctué de vignobles, de vergers, de falaises, de *miradors* et de villages pittoresques accrochés à la montagne.

Cala Fornells

1 Cala Fornells✦

Une jolie petite crique de 80 m de long à peine, où alternent des bandes de sable fin et des roches polies par les vagues. Ajoutez un *beach bar* et une eau chaude et cristalline : bonheur garanti ! Rançon du succès : il y a malheureusement souvent beaucoup trop de monde en été...

2 Andratx

Nichée au pied de la Serra de Tramuntana, dans une vallée plantée d'amandiers, Andratx connut son âge d'or au XIIIe s. : séduits par la magie des lieux, Jacques Ier et l'évêque de Barcelone s'y offrirent tous deux une résidence. C'est aujourd'hui une belle endormie, qui ne s'éveille que les jours de marché. L'avantage ? Les prix des hôtels n'y ont pas encore flambé : une excellente base, donc, pour rayonner dans cette partie de la région.

Centro Cultural Andratx (CCA)

Avec ses 4 000 m^2 de surface, le CCA est l'un des plus grands centres d'art contemporain d'Espagne. Parmi les collections, conséquentes, ne ratez pas la pièce consacrée aux artistes des Baléares, ni les sculptures disséminées dans le parc, avec les montagnes en fond de scène. Le petit café organise régulièrement des concerts de musique classique, de jazz ou de flamenco l'été.

C/ Estanyera, 2 • ☎ 971 13 77 70 • www.ccandratx.com • Mars-oct. : mar.-ven. 10h30-19h, sam.-dim. 10h30-16h ; nov.-fév. : mar.-dim. 10h30-16h • Entrée 8 €.

3 Port d'Andratx✦✦

À 5 km au sud d'Andratx, le port, bordé de boutiques et de restaurants, offre une agréable promenade. Le quartier vit au rythme d'une quinzaine de chaluts. À 17h, les pêcheurs vendent soles, daurades, lottes, sardines et crevettes tout juste sorties des filets au marché de la marina (lun.-ven. en été ; mar. et ven. en hiver). Vous y côtoierez les restaurateurs du coin. Autres options : louer un petit bateau et explorer les criques de la région ou venir boire un verre en admirant le soleil couchant.

Hotel et Museu Liedtke

L'artiste allemand Dieter Walter Liedtke a construit en 1987 ce drôle de complexe hôtelier dont les étages en terrasses et les balustrades ondulées évoquent l'œuvre de Gaudí… Il y présente, au rez-de-chaussée, ses travaux artistiques inspirés par la physique quantique. La vue sur la baie, surtout, est fabuleuse. Venez donc le samedi soir vous lover dans les *bean bags* de la terrasse : le café projette des films avec la falaise en toile de fond (gratuit).

Carrer Olivera, 35 • ☎ 971 67 47 13 • Nov.-fév. : t.l.j. 9h-20h ; mars-oct. : t.l.j. 9h-23h • Entrée gratuite.

4 Sant Elm✦

D'Andratx, la route slalome à travers campagne et forêts de pins jusqu'à atteindre Sant Elm, mignonne comme tout avec ses habitations basses et son atmosphère assez bohème. La plage à l'entrée de la ville est une agréable bande de sable blond, protégée du vent par l'îlot d'Es Pantaleu. La promenade se poursuit dans la rue commerçante qui longe la mer, où vous trouverez

Cocktail de stars

La péninsule à l'ouest de Palma, depuis Portal Nous, attire les célébrités. Sur le port d'Andratx, vous aurez peut-être la chance de croiser quelques stars – Claudia Schiffer, Tom Cruise, Brad Pitt –, car beaucoup possèdent ou louent une villa sur la péninsule. Le prince Harry lui-même a été aperçu un jour au bar Cappuccino !

Vue sur Sa Dragonera

des bancs pour apprécier la vue. Il ne faut qu'une dizaine de minutes pour arriver au port, point de départ des bateaux pour l'île de Sa Dragonera. En soirée, les couchers de soleil y sont magiques.

5 Sa Dragonera✦✦✦

Inhabitée, cette île tout en longueur (3,2 km de long sur à peine 500 m de large) s'étire au large de Sant Elm. Elle tient son nom de son profil semblable, dit-on, au dos d'un dragon. Le célèbre pirate Barberousse y aurait établi ses quartiers au XVIe s.

Longtemps privée, Sa Dragonera a été achetée en 1987 par le gouvernement des Baléares, puis classée **parc naturel** en 1995 pour protéger sa faune et sa flore particulièrement riches : faucons d'Éléonore, goélands d'Audouin, cormorans, pétrels, balbuzards, puffins des Baléares, mais aussi des lézards endémiques, cinq espèces de chauve-souris et pas moins de 361 espèces de plantes !

Les bateaux vous déposent au port de Cala Lladó, où l'on vous remettra un plan indiquant le tracé des quatre randonnées possibles. Trois d'entre elles mènent vers les phares de Sa Dragonera. Préférez l'ouest pour la vue depuis les falaises, l'est pour longer les criques.

Accès en bateau depuis Sant Elm ou Port d'Andratx • **Cruceros Margarita** *: ☎ 638 77 90 01, www.crucerosmargarita.com* • **Cruceros Cormoran** *: http://cruceroscormoran.com.*

6 Estellencs✦

Au fond d'une vallée, Estellencs compte 300 habitants à peine et offre un calme très apaisant. Le village fut pourtant construit dans un esprit de défense contre les pirates – en témoignent les airs de forteresse de l'église. Les ruelles pavées évoquent la Majorque d'autrefois.

Du village, une route étroite (1,5 km) traverse champs d'oliviers, d'amandiers et bosquets de pins jusqu'à **Cala Estellencs**, une petite baie aux eaux cristallines

LES PLUS BEAUX VILLAGES DE MAJORQUE

Aux quatre coins de l'île, on découvre des villages au charme suranné. Accrochés à la montagne, au sommet d'une colline ou dissimulés dans une crique, ils sont l'âme de Majorque.

Banyalbufar

Face à la mer, ce village situé au sommet d'une colline surplombe l'un des plus beaux paysages de l'île, parsemé de vignes en terrasses.

Voir p. 66 • Valldemossa et la pointe ouest.

Valldemossa

Célèbre pour pour sa magnifique chartreuse, ce village de pierre déroule ses tortueuses ruelles pavées le long d'une vallée verdoyante.

Voir p. 68 • Valldemossa et la pointe ouest.

Deià

Poétique et bohème, Deià séduit par le charme de ses maisons ocre empilées les unes sur les autres.

Voir p. 77 • Autour de Sóller.

Fornalutx

Caché au cœur des montagnes de la Serra de Tramuntana et entouré de citronniers et d'orangers, Fornalutx mérite assurément sa place parmi les plus beaux villages.

Voir p. 83 • Autour de Sóller.

Sineu

Un havre de paix blotti au milieu des champs d'oliviers, qu'il faut découvrir à l'arrière-saison.

Voir p. 117 • Alcúdia et le cap des Pinar.

Cala Figuera

Un vrai petit air de carte postale, avec son port naturel niché au cœur d'une crique bordée de maisons blanches.

Voir p. 141 • Autour du cap de Ses Salines.

Deià

Torre des Verger

avec une plage de galets. Venez plutôt en saison pour profiter du *beach bar*, bien à l'ombre sous ses auvents en bambou. Le dernier virage étant assez raide et l'entrée du parking minuscule, mieux vaut faire la balade à pied.

Torre des Verger✦

Cette tour d'observation médiévale, fièrement dressée en bord de falaise, est parfois appelée Torre de Ses Animes. À l'intérieur, quelques solides barreaux métalliques permettent de se hisser jusqu'au toit. On s'y sent un peu au bout du monde...

À 3,5 km N d'Estellencs • Petit parking • Accès libre.

7 Banyalbufar✦✦

Un village tout aussi charmant qu'Estellencs, avec ses maisons accrochées à flanc de colline et pour la plupart dotées de persiennes vertes. Toute la région vivait jadis de la vigne, cultivée

Pause panoramique : Es Grau

Assez spectaculaire, la route entre Andratx et Estellencs dévoile des panoramas splendides à chaque virage... Profitez-en pour vous arrêter au *mirador* de Ricardo Roca. Le restaurant attenant, bâti au bord de la falaise, surplombe la Méditerranée : depuis la terrasse, donc, du bleu, du bleu, que du bleu ! Faites-y une pause, ne serait-ce que pour un café et une part de tarte aux amandes. Il propose sinon de bon petits plats majorquins bien préparés, ainsi que quelques options italiennes.

8 *Carretera Andratx-Estellenc, km 98 (à 3,9 km d'Estellencs) • ☎ 971 61 85 27 • www.essenciamediterrania.com • T.l.j. sf jeu. 10h-18h • Plats 12 €.*

Il était une fois des vignes…

Le nom Banyalbufar vient de l'arabe *bunjola al-bahar*, qui signifie « petites vignes de la mer ». À l'époque maure, en effet, la région comptait près de 2 000 parcelles de vignes, cultivées en terrasses et irriguées par des aqueducs menant l'eau directement vers ces terrains bordés de murets. Le vin alors produit devait sa qualité aux embruns, qui, en venant se poser sur le raisin, en rehaussaient les saveurs. Jacques Ier en fit son cru de prédilection, en exportant pas moins de 250 000 litres vers la Cour d'Aragon au XVIe s. Malheureusement, une épidémie de phylloxera décima l'ensemble des pieds vers 1900.

en terrasses. Ces dernières sont toujours là, plantées de vergers, de champs de ramallet (ces fameuses tomates majorquines qui poussent en grappes) et à nouveau de vignes depuis les années 1980. Un arrêt dans l'une des bodegas de la région s'impose !

La plage de gravier en contrebas du village, à 1 km de marche, est agrémentée d'une cascade d'eau douce. Attention, la température est… saisissante ! En nageant un peu vers la gauche, vous découvrirez une petite crique cachée des regards, et un escalier montant vers les ruines d'un ancien moulin.

8 Es Canonge

En bord de pinède, ce petit port et ses quelques restaurants offrent une bien agréable pause pour le déjeuner. La petite crique est bordée d'une douzaine d'abris à bateaux. Il n'est pas rare de voir les Majorquins prendre leur bain de soleil sur les toits des embarcations, plus confortables que la plage de galets ! Le sentier du littoral vous permettra de rejoindre les plages de Cala Gata (150 m) et Son Bunyola (300 m) en un rien de temps.

Grand parking gratuit au bord de l'eau.

9 La Granja✦

Cette magnifique hacienda du XVIIIe s. a été reconvertie en **musée vivant de la tradition rurale**. Au fil des pièces, on apprend tout sur la fabrication de l'huile d'olive, la vannerie majorquine ou même la parfumerie. Des ateliers de potiers, menuisiers, tisseurs et des démonstrations équestres ont lieu l'été. Les luxuriants jardins du domaine, 20 000 m^2 en tout, offrent une agréable promenade, avec fontaines, cascade, roue à eau… La visite se finit avec une dégustation dans la cuisine à l'ancienne, où sont préparés à l'occasion des *buñuelos*, des beignets majorquins très moelleux à base de pomme de terre.

Carretera Banyalbufar, km 1,5, à 9 km S-E de Banyalbufar • ☎ 971 61 00 32 • www.lagranja.net • T.l.j. 10h-19h (18h en hiver) • Visite 15 € dégustation comprise ; 28 € avec repas complet • Restaurant accessible sans avoir à payer l'entrée.

Valldemossa

⑩ Valldemossa***

Au cœur d'un paysage verdoyant, voici incontestablement l'un des plus beaux villages de Majorque ! Ruelles pavées, petites maisons de pierre blonde, des fleurs partout… quel tableau ! Sur les façades, des panneaux de céramique colorés évoquent des épisodes de la vie de Santa Catalina Thomàs, une sainte née au XVIe s. à Valldemossa.
Ne partez pas sans goûter à la spécialité locale, la *coca di patata*, une petite brioche à base de purée de pommes de terre. Excellente trempée dans un chocolat chaud !

Cartoixa de Valldemossa***

Cette chartreuse du XIVe s. est une ancienne retraite royale, offerte par le roi Jacques II à son fils pour soigner son asthme. À la dissolution des monastères majorquins en 1835, elle fut séparée en lots, puis vendue à de riches particuliers. Elle est passée à la postérité car **Frédéric Chopin et George Sand** ont passé l'hiver 1838 dans l'un des appartements (cellule 4). On découvre des lettres décrivant la vie du couple à Valldemossa, des partitions, des portraits…

On peut accéder directement à l'**appartement de Chopin et Sand** sans visiter le reste du monastère (entrée et prix séparés). Toutefois, il serait bien dommage de limiter votre visite à celui-ci, car l'édifice recèle bien d'autres merveilles.

Attardez-vous notamment dans la superbe **pharmacie monastique** où s'alignent sagement alambics, mortiers, balances, pots en céramique et flacons de verre, dont les étiquettes sont peintes à la main. Certains contiennent encore des substances médicinales de l'époque !

L'**ancien appartement du prieur** permet quant à lui d'imaginer le quotidien des moines. On apprend ainsi que la **bibliothèque** était l'unique lieu où ils pouvaient discuter (une demi-heure par semaine seulement !), et que seul le repas du dimanche était pris en communauté.

Au fond du couloir, le **Musée municipal** possède une fascinante collection de toiles représentant des vues de la Serra de Tramuntana, quelques œuvres modernes (dont des toiles de Joan Miró, Francis Bacon et Marx Ernst) et une belle section consacrée à Louis-Salvador de Habsbourg *(p. 76)*, avec les écrits de l'archiduc d'Autriche, accompagnés de photos.

Plaça Cartoixa (face au monument dédié à Chopin) • ☏ 971 61 21 06 • www.cartoixadevalldemossa.com • Lun.-ven. 10h-16h30, sam. 10h-14h30 • Récital de piano : 4 séances/j. ; 15 min • Entrée 9,50 € (n'inclut pas la visite de la cellule de Sand et Chopin).

Appartement de Chopin et Sand (cellule 4) *: ☏ 696 40 59 92 • www.celdadechopin.es • Déc.-janv. : 10h-15h30 ; fév.-mars et nov. 10h-16h30 ; avr.-oct. : 10h-18h ; juil.-août : 10h-18h30 • Entrée 4 €.*

Un piano hors normes

Dans l'une des pièces de la chartreuse de Valldemossa trône encore le piano Pleyel que Frédéric Chopin fit venir de France au prix fort : les taxes d'entrée sur le territoire espagnol dépassèrent largement le prix de l'instrument ! Il composa sur celui-ci quelques préludes durant son séjour.

Mais au moment de regagner Paris, il fut presque impossible de trouver un acheteur. Sachant Chopin tuberculeux, les familles nobles craignaient que l'instrument ne leur transmette la maladie.

Le piano resta donc dans l'appartement… du moins le croyait-on. Car un siècle plus tard, une famille locale prétendit posséder l'authentique instrument de Chopin. L'hésitation entre les deux pianos fut telle qu'en 2011, un juge dut statuer et confirma que celui qui était présenté au public depuis 1932… était un faux ! Le véritable Pleyel de Chopin reprit donc la place qui lui revenait, les documents officiels de son authenticité fièrement affichés à ses côtés.

Restos Bistrots

La Cocotte de Sant Elm

Barbecue et tapas 1

Dans sa jolie maison à proximité de la mer, Florence, Française d'origine, concocte des poissons et des viandes grillées au barbecue. Côté tapas, l'imagination est au rendez-vous dans des recettes maison : poulet cajun, tajine de crevettes, gambas frites avec une sauce citron vert et coco… À déguster sur la grande terrasse plantée d'oliviers et de lauriers-roses.

C/ Sa Malea, 1, Sant Elm • ☎657 12 21 50 • Facebook : lacocotte.desantelmo • T.l.j. 10h-21h • Plats 6-13 €.

Ca n'Andreu

Cuisine traditionnelle 2

Dans le village de Galilea, accroché à la montagne, l'ancien bar de l'église est devenu un restaurant réputé pour ses spécialités locales. Aux fourneaux, Andreu cuisine le meilleur *arroz brut* (ragoût de riz) du coin ! Goûtez aussi à la morue, aux *crostas* d'ail et aux aubergines farcies… Un délice!

Plaça de Pius XII, Galilea • ☎971 61 41 87 • mer.-ven. 19h-minuit, sam. 10h-17h et 19h-minuit, dim. 10h-18h • Plat 9 €.

Son Borguny

Hôtel-restaurant familial 3

Il faut grimper sur les hauteurs de Banyalbufar pour dénicher cette petite pépite. En reprenant l'hôtel-restaurant familial, Rachel a apporté sa touche de modernité, autant dans la déco (murs chaulés rehaussés de cactus séchés) que dans les recettes de cuisine. La côte de veau servie sur une plancha chaude est un délice ! En prime, sept jolies chambres (à partir de 80 €).

C/ Son Borguny, 1, Banyalbufar • ☎659 59 34 39 • www.sonborguny.com • Menu 14,50 €.

Hostal Can Mario

Cuisine traditionnelle 4

Situé à l'étage d'une ancienne *masia* (villa), au cœur du village, ce restaurant est une institution ! On vient y déguster des spécialités locales, comme le fameux filet de porc au chou et le *tumbet*. Copieux et à des prix très raisonnables ! Le dimanche, les enfants sautent dans l'escalier et l'ambiance est particulièrement festive.

C/ Uetam, 8, Valldemossa • ☎971 61 21 22 • T.l.j. 13h30-15h30 et 20h-22h30 • Repas 9-15 €.

Quita Penas

Planches à partager 5

Au rez-de-chaussée d'une belle villa majorquine, ce restaurant

La salle intérieure de Quita Penas

propose de s'installer autour d'une grande table et de partager des planches de charcuteries et de fromages locaux avec du *pa amb oli* (pain à la tomate arrosé d'huile d'olive). À chaque saison son lot de nouveautés, comme la délicieuse *sobrasada* aux figues caramélisées.

C/ Vell, 4, Valldemossa • ☏626 84 00 06 • www.quitapenasvalldemossa.com • Mars-oct. : t.l.j. 12h-16h et 19h-22h30 • Repas 12-18 €.

Es Taller

Cuisine d'auteur 6

Des saveurs étonnantes et un lieu unique ! À l'écart des circuits touristiques, Es Taller est niché dans un ancien garage, avec un Bibendum Michelin en guise d'effigie. Le chef, Nicolas Aubert, a imaginé une cuisine saine et locale, inspirée de recettes glanées autour du monde. Plats végétariens et sans gluten sur demande.

C/ de Santiago Russiñol, 1, Valldemossa • ☏971 61 63 96 • www.estallervalldemossa.com • T.l.j. 13h-16h et 19h30-22h30 • Tapas 5-8 € ; plats 13-19 €.

Quay-Lofotel

Pour les familles 7

Au milieu des vergers d'agrumes, la terrasse de cet hôtel-restaurant est un havre de fraîcheur avec vue sur les sommets. Les légumes sont récoltés dans le potager, l'eau est recyclée, et les recettes ne manquent pas d'originalité, avec des accents péruviens et méditerranéens. Qu'il est bon de déguster un gaspacho de pastèque frais pendant que les enfants jouent sur les toboggans !

Ma-1040, km 1 • ☏ 629 07 67 51 • Mar.-dim. 13h-23h • Menu 18,50 €.

VOIR AUSSI P. 66 :

Es Grau 8

Bars, clubs Sorties

Tim's Bar

Bar à cocktails 1

Face à la mer, ce bar créé en 1978 a vu défiler toute la *jet-set* ! C'est l'endroit idéal pour un *happy hour* en admirant le coucher du soleil. L'ambiance redémarre de plus belle vers 23h, lorsque les derniers clients de la partie restaurant partent. La terrasse devant le port est alors prise d'assaut jusque tard dans la nuit. *Live music* le week-end.

Av. de l'Almirante Riera Alemany, 7, Port d'Antratx • www.tims.es • T.l.j. à partir de 10h • Cocktails 12 €.

Gran Folies Beach Club

Club & cocktails 2

Club select le jour avec ses transats blancs et sa piscine d'eau de mer, l'établissement se change en bar branché dès que le soleil se couche. Des guirlandes de lumières scintillent dans la nuit devant une crique sauvage. C'est l'heure d'une

Le restaurant panoramique Es Grau

Tim's Bar

margarita bien frappée à déguster sur fond de musique douce.

C/ Tintorera, Cala Llam, Port d'Andratx • ☏971 67 10 94 • www.beachclubgranfolies.com • Mai-oct. : t.l.j. 10h-minuit • Cocktails 7,50-12 €.

Hôtels B&B

Hotel Rural Nord

Hôtel de charme 1

Au cœur du village d'Estellencs, cette jolie *masia* ancienne accueille huit chambres, certaines avec des balcons offrant une vue imprenable sur la montagne. Un salon a été aménagé dans l'ancien moulin à huile. Un lieu plein de charme, qui mise sur une décoration sobre et élégante.

Pl. Es Triquet, Estellencs • ☏971 14 90 06 • www.hotelnordmallorca.com • Ouv. mars-oct. • À partir de 120 €, petit déj. compris.

Ca's papà

Hôtel de charme 2

Le charme d'une maison d'hôtes et le confort d'un 4-étoiles ! Avec ses sols en carreaux de ciment colorés et ses treize chambres blanches décorées avec goût, on se croirait dans un magazine de déco. Belles vues sur la vallée de Valldemossa.

C/ Jovellanos, 8, Valldemossa • ☏971 61 28 08 • www.hotelcaspapa.com • À partir de 90 €.

Shopping Cadeaux

Ca'n Molinas

Boulangerie 1

Fondées en 1920, ces deux boulangeries restées dans leur jus sont de véritables institutions, l'une comme l'autre ! Auréolées de récompenses, elles sont en particulier connues pour leurs *cocas de patata*, de petits pains sucrés à base de pommes de terre, très légers. Un vrai délice, surtout lorsqu'on les déguste dans les jardins Rei Joan Carles, accompagnés d'un *café con leche*.

C/ Blanquerna, 15 et C/ Rosa, 4, Valldemossa • ☏971 61 22 47 • T.l.j. 7h-21h • Cocas de patata 3,50 €.

Lafiore Vidrio

Verrerie artisanale 2

Derrière chaque collection de verres de cette institution locale se cache un artiste majorquin. On trouve ici des huiliers, des coupes, des bouteilles, des pieds de lampes… teintés dans la masse et soufflés à la bouche. Chaque pièce est unique et les matériaux utilisés sont 100 % recyclés. Il suffit de suivre la visite pour s'en rendre compte.

Carretera Valldemossa, km 11, S'Esgleieta • ✆971 61 18 00 • www.lafiore.com • Lun.-ven. 9h-18h, sam. 9h-13h • Vases à partir de 30 €, porte-bougie 25 €.

Activités Détente

Son Moragues

Dégustations gourmandes

Dans cette ancienne et vaste *possessió* (domaine agricole historique), tout est bon et bio ! Son huile d'olive vierge extra serait, paraît-il, la meilleure de l'île, le gin est parfumé aux effluves de romarin, de pin et de caroubier, et les confitures artisanales sont absolument délicieuses. La famille propriétaire du domaine propose différentes activités gustatives pour découvrir l'histoire et les saveurs de la Tramuntana, comme des ateliers de dégustation de produits locaux, des goûters dans le *caseto* (refuge), au milieu des champs d'oliviers, ou encore des balades piques-niques près du *mirador* de Ses Puntes…

Av. Lluis Salvador Cilimingras, Valldemossa • ✆971 61 25 41 • www.sonmoragues.com

Bodega Son Vives

Œnotourisme

Les vignes de cette bodega occupent 3 ha de terrasses, où les vendanges se font toujours à la main. La visite du domaine se termine immanquablement par une dégustation dans un patio traditionnel, avec vue sur la côte. Une occasion rêvée pour découvrir un étonnant cépage au doux nom de malvasia. À consommer avec modération !

Route côtière Ma-10, km 87,5 • ✆609 60 19 04 • www.bodegasonvives.com • Résa sur le site Internet • Avr.-oct. 11h-17h (certains soirs en été) • À partir de 12 €/pers.

Keida

Sortie en kayak

Envie d'une activité nautique qui sorte des sentiers battus ? Pourquoi ne pas débarquer sur l'île de **Sa Dragonera**, tel un explorateur des mers ? Chaque matin, à 10h, si la météo le permet, ce loueur de kayaks vous proposera de courtes balades encadrées, à la découverte des falaises et des grottes marines. Vous accosterez ensuite à Cala en Cuco, d'où vous pourrez découvrir l'île à pied.

Plaça de na Caragola, 3, Sant Elm • ✆971 23 91 24 • www.keida.es • Kayak 45 €/pers.

DEUX BALADES AU-DESSUS DE LA CÔTE

Faciles même avec des enfants, voici deux itinéraires qui fleurent bon les pins, tout en privilégiant les panoramas sur la Grande Bleue. Parfaits pour découvrir une autre facette de la Serra de Tramuntana.

Vue sur le monastère de La Trapa

Balade jusqu'à La Trapa

Le monastère de La Trapa, construit en 1810, occupe un emplacement de rêve : à 400 m de hauteur, il offre une vue imprenable sur la baie et Sa Dragonera ! Les moines réalisèrent de nombreuses terrasses et un système d'irrigation, mais restèrent seulement une dizaine d'années. Un incendie ravagea une partie de la végétation alentour en 1994. Un mal pour un bien : le programme de reforestation permit de mettre en valeur, entre autres, 14 espèces d'orchidées sauvages.

Départ de Sant Elm • 10 km A/R (2h30) • Facile • Plan à l'office de tourisme de Sant Elm.

Sa Volta des General

Le « tour des Généraux » permet à la fois d'admirer les collines en escaliers de Banyalbufar et de rejoindre le petit port naturel d'Es Canonge, l'un des plus charmants de la Tramuntana. Une balade au milieu des pins et des chênes (même si la tempête de l'automne 2020 a abîmé la forêt), le long de la côte tapissée de pierres rouges. Le contraste est saisissant ! Prenez le temps de prendre un *cortado* dans une ancienne cabane de pêcheur sur la plage, et c'est reparti pour une heure de marche !

Départ du petit parking à gauche au km 94 en direction de Valldemossa • 4 km (1h) • Très facile.

AUTOUR DE SÓLLER

4

Royaume des oranges et des citrons, Sóller rayonne au cœur d'une vallée luxuriante. Le long de la route côtière Ma-10, se nichent deux villages emblématiques de l'île : Deià, refuge des artistes dans les années 1930, et Fornalutx. Entre les deux s'étend Port de Sóller, avec sa baie protégée et son vieux tram en bois délicieusement vintage.

Deià

1 Les demeures de Louis-Salvador⁺⁺

La Cour impériale de Vienne ? Très peu pour le jeune archiduc d'Autriche Louis-Salvador de Habsbourg-Lorraine (1847-1915), qui préférait la Méditerranée. Séduit par la Serra de Tramuntana, il s'offrit trois domaines entre Valldemossa et Deià, et entreprit de sauvegarder ce petit paradis – il imposa qu'aucun arbre ne soit coupé ni aucun animal chassé. Seule concession : des sentiers et des points de vue furent aménagés. Deux propriétés sont ouvertes au public. La troisième, S'Estaca, appartient en revanche à l'acteur Michael Douglas.

Monestir de Miramar⁺⁺

Plus qu'une simple retraite religieuse, ce monastère du XIIIe s. était une école pour les missionnaires franciscains. C'est ici que fut installée, en 1475, la toute première presse à imprimer de Majorque (25 ans après Gutenberg !) et publié le tout premier livre de l'île. Louis-Salvador rachète Miramar, qui a alors grandement besoin d'être rénové, en 1872.

Admirez l'**ancienne cuisine** des moines au rez-de-chaussée, la reproduction de la cabine du *Nixe II* (le yacht de l'archiduc), ainsi que la **bibliothèque** dédiée aux travaux de Ramon Llull *(p. 30)*. Les plates-bandes du **jardin** reprennent les dessins géométriques de ce savant.

C'est toutefois le ***mirador*** (belvédère) qui attire les foules : la vue sur la baie y est époustouflante !

Diseminado Miramar • ☏971 61 60 73 • www.sonmarroig.com/miramar.html • Lun.-sam. 10h-17h30 • Entrée 4 €.

Son Marroig⁺⁺

Louis-Salvador décida de remodeler cette finca fortifiée dans un style italien. Sa cousine l'impératrice Sissi y séjourna un temps. La demeure abrite aujourd'hui un musée présentant des écrits, des dessins et des objets personnels de l'archiduc.

Ne manquez pas les jardins byzantins, qui mènent à l'exquise rotonde de marbre blanc. La vue, sublime, porte sur la **péninsule de Na Foradada**, qui fait partie du domaine et où il est possible de se promener à pied en descendant en zigzag à travers les pins.

Caretera Valldemossa-Deià • ☏971 63 91 58 • www.sonmarroig.com • Avr.-sept. : lun.-sam. 9h30-19h ; oct.-mars : lun.-sam. 10h-18h • Entrée 4 € ; accès libre à la rotonde.

2 Deià⁺⁺

De petites maisons de pierre couleur miel accrochées à flanc de colline, des ruelles joliment dessinées, d'adorables potagers… On comprend sans mal ce qui a séduit le poète britannique Robert

La rotonde de Son Marroig

Pause au bord de l'eau : Ca's Patro March

Perché juste au bord de l'eau dans la crique aux allures de carte postale de Cala de Deià, ce restaurant est tenu par une famille de pêcheurs. Un sacré gage de fraîcheur ! Grillés ou rehaussés d'un filet de citron, les poissons sont tout simplement délicieux, à déguster accompagnés d'un verre de vin de la région.

19 Cala de Deià, 16 (à gauche lorsqu'on regarde la mer) • 971 63 91 37 • Juil.-août : t.l.j. 10h-23h ; hors saison : w.-e. uniquement • Plats 10-28 €.

Graves (1895-1985), qui y acheta une demeure en 1929 pour recevoir ses amis artistes ou intellectuels : Ava Gardner, Pablo Picasso, Anaïs Nin... Dans les années 1950-1960, le village attire une autre scène artistique, hippie et musicale.

De nos jours, Deià semble endormie hors saison, mais, l'été venu... quel changement ! Elle se remplit de cyclistes, de randonneurs parcourant le GR221 *(p. 60)* ou même de stars venues profiter de l'hôtel de luxe situé en plein centre. Les restaurants et boutiques se remettent alors en activité, et garer sa voiture relève du défi !

Casa Robert Graves*

Blessé et traumatisé par la Première Guerre mondiale, Robert Graves retrouve une certaine paix intérieure à Deià. À l'exception d'un intermède de dix ans, il y vécut de 1929 à 1985 et est enterré dans le petit cimetière fleuri, dans les hauteurs du village. Conservée en l'état, sa demeure, « Canallún » (« maison dans une contrée lointaine » en castillan), est devenue un musée consacré à son œuvre.

Carretera Deià-Sóller • 971 63 61 85 • www.lacasaderobertgraves.org • Janv.-mars et nov. : lun.-ven. 9h-16h, sam. 9h-14h ; avr.-oct. : lun.-ven. 10h-17h, sam. 10h-15h ; déc.-début janv. : lun.-ven. 10h30-13h30 • Entrée 7 €.

Cala de Deià**

Robert Graves descendait chaque matin se baigner dans cette adorable crique bordée de galets. L'eau y est transparente à souhait : n'oubliez pas d'apporter votre masque et votre tuba...

Sur la gauche de la baie, un sentier mène en 30 min jusqu'à la torre de sa Pedrissa, une ancienne tour de guet entourée de pins. Sur la droite, en 30 min également, on atteint la petite platja de Llucalcari, plutôt naturiste. Les Majorquins y viennent pour son bassin de boue, dont ils se tartinent généreusement (elle aurait des vertus thérapeutiques).

À 3 km N de Deià • Parking payant, la plage est à 400 m ; à pied, suivre le GR221 depuis le centre-ville : 1,4 km, mais attention, ça monte fort sur le retour !

3 Jardines de Alfàbia***

Au XIIIe s., Jacques Ier n'a pas conquis Majorque tout seul : il a été aidé par Benihabet, le gouverneur musulman rebelle de Pollença. En remerciement, ce dernier obtint ce terrain, où il fit construire une magnifique propriété, dont l'architecture a gardé, malgré les transformations, une finesse maure sublime.

À 17 km N de Palma, carretera Palma-Sóller, km 17 (juste avant le tunnel de Sóller) • ☎971 61 31 23 • www.jardinesdealfabia.com • Mars : lun.-ven. 9h30-17h30, sam. 9h30-13h ; avr.-oct. : t.l.j. 9h30-18h30 • Entrée 7,50 € • Café sur place.

Les jardins

Au XIXe s., Antonio Flores, chroniqueur de la reine Isabelle II, les décrivaient ainsi : « Nul ne sait quand le jardin finit ni quand la nature commence, ils semblent se fondre l'un dans l'autre ».
La visite commence par une longue pergola du XVIIe s. soutenue par 72 colonnes. À mi-chemin, un bouton permet d'actionner un spectacle de jets d'eau. Suit un véritable Éden où s'entremêlent citronniers, jasmins, roses et glycines puis le chemin serpente entre palmiers et bougainvillées, longeant des bassins.

La finca

Rénovée et agrandie au XVIIIe s. dans un style baroque, elle présente une intéressante collection de livres et d'objets anciens. Ne ratez pas la chambre toute décorée de chintz pour le séjour de la reine Isabelle II en 1860. La dernière cour abrite les

Les jardines de Alfàbia

anciennes étables et la *tafona*, une impressionnante presse à huile du XVIe s. Sous le porche de style florentin, levez les yeux vers le plafond à caissons d'origine : outre les armoiries de familles maures, on note quelques inscriptions en arabe.

4 Sóller⁺⁺⁺

La fertile vallée de Sóller, célèbre pour ses agrumes, ressemble à un océan vert parsemé de touches orange et jaunes... C'est ici que bat le cœur de la Serra de Tramuntana, et la petite ville mérite qu'on lui consacre au moins une journée, tant le charme de sa *dolce vita* à la majorquine est irrésistible !

Gare ferroviaire⁺⁺

Joan Miró venait souvent rendre visite à ses grands-parents qui vivait à Sóller. La gare de campagne, à l'architecture moderniste, lui rend honneur dans deux petites pièces présentant une collection de lithographies de lui et quelques céramiques de Pablo Picasso.

Plaça d'Espanya, 6 • Lun.-sam. 11h-17h • Accès gratuit.

Plaça de Sa Constitució⁺

La place principale, bordée de cafés, est très animée les jours de marché. Elle a été aménagée par l'architecte Joan Rubió i Bellver, qui a travaillé aux côtés de Gaudí. C'est lui qui ajouta en 1904 la spectaculaire façade moderniste de l'Església de Sant Bartomeu, bâtie au XIIIe s. Ce succès lui valu une autre commande en 1912 : celle de la Banco de Sóller (aujourd'hui Banco de Santander), où il se montra plus audacieux encore, aposant deux tourelles au coin du bâtiment et des grilles métalliques qui évoquent une toile d'araignée...

Can Prunera – Museu Modernista⁺⁺

On doit ce joyau moderniste à Joan Magraner et Margalida Vicens, un couple qui tenait son surnom, « Prunera », des pruniers qu'ils cultivaient. En 1865, ils s'installèrent en France, où ils firent fortune dans le commerce. Ils revinrent en 1904 à Sóller et se firent construire une maison dans le style en vogue à Paris : l'Art nouveau.

La demeure conserve une exquise collection de mobilier moderniste et de luminaires décorés de motifs végétaux, de papillons

Franchir la Tramuntana

En 1912 fut inauguré le tunnel ferroviaire traversant le col de Sóller. Mais les automobilistes durent attendre 1997 pour que soit percée la voie expresse qui permet de relier en voiture Palma à Sóller en 45 min. Vous préférez ne pas payer les 5 € du péage ? Reste la Ma-11a, plus panoramique il est vrai, mais bien plus lente et avec 52 virages en épingle à cheveux...

Le train historique de Palma à Sóller

Le commerce fut longtemps très limité dans la Serra de Tramuntana. Tout se transportait à dos d'âne, le long de petits sentiers, et il fallait plusieurs jours pour relier Palma à Sóller. Ce n'est qu'en 1912 qu'une ligne ferroviaire relia les deux villes. Un sacré challenge : pour traverser le massif sur 28 km, il fallut percer 13 tunnels et construire un viaduc à 5 arches ! Baptisée « Orange Express », la ligne est toujours active aujourd'hui, et les wagons d'époque, avec leur intérieur en bois et leurs banquettes à l'ancienne, conservent un cachet irrésistible. Comptez environ une heure de trajet, incluant une pause au-dessus de Sóller pour admirer la vallée. Superbe en toute saison, et encore plus au début du printemps, lorsque les amandiers sont en fleur !

971 75 20 51 • http://trendesoller.com • Avr.-oct. : 6 trains/j. ; nov.-mars : 4 trains/j. • 18 € aller, 25 € A/R, 32 € combiné train-tramway • Paiement en espèces uniquement.

Le Orange Express de Sóller

et de libellules. Notez l'escalier en colimaçon et les magnifiques carreaux de céramique des sols, différents d'une pièce à l'autre. Les salles présentent plusieurs œuvres d'art moderne : au sous-sol, des artistes locaux ; au rez-de-chaussée, la peinture des XIXe et XXe s. (Man Ray, Paul Klee, Joan Miró, Gustav Klimt…) ; et au 1er étage, une galerie dédiée au modernisme. Admirez aussi le petit jardin, jalonné d'une douzaine de sculptures contemporaines.

C/ de la Lluna, 86 • 971 63 89 73 • http://canprunera.com • Mar.-dim. 10h30-18h30 (nov.-fév. : 18h) • Entrée 5 € ; gratuit 2e dim. de mai, 18 mai et 24 août.

Le tramway de Sóller

La promenade entre Sóller et son port n'offrant pas un brin d'ombre, réfléchissez avant de vous y lancer par grosse chaleur ! Mieux vaut profiter du merveilleux tramway inauguré en 1913. Utilisé aussi bien par les habitants que par les touristes, il est particulièrement joyeux les jours de marché : cabas de provisions et journal en main, on en profite pour échanger les dernières nouvelles. Le tram, il faut dire, va doucement, très doucement : vous pourrez sans mal caresser les feuilles des orangers le long de la voie !

2 trams/h de 8h30 à 23h30 en été, 1 tram/h de 8h30 à 21h en hiver • Possibilité d'acheter son billet à bord : 7€ le trajet simple • Il est rentable de le combiner avec un A/R en train si l'on vient de Palma.

Le tramway sur la plaça de Sa Constitució

Eco Vinyassa

Sur la route vers Fornalutx, la ferme écologique de Sébastiana est un havre de paix où l'on apprendra tout ce qu'il faut savoir des agrumes de la vallée de Sóller, en se baladant dans un immense verger ponctué de panneaux explicatifs et où gambadent joyeusement des poules. Le cadre est enchanteur et la terrasse, à l'ombre d'un micocoulier, se prête parfaitement à une petite dégustation de *coca* (sorte de tarte), avec un verre de jus d'orange bio.

Carretera Fornalutx, Camí de Sa Vinyassa, 3 • ☎ 615 17 27 50 • www.ecovinyassa.com • Lun., mer. et ven. 10h-14h • Entrée 12€, enfant 6€ (résa sur Internet).

5 Port de Sóller✦✦

Sa position privilégiée sur la côte en fait le port le mieux protégé de Majorque : il n'est pas rare de voir les bateaux s'y réfugier à l'approche des tempêtes. En 1937, l'armée espagnole y installa une base navale de 1 000 employés. La ville s'enrichit alors de bars, de restaurants et de boutiques. Après la fermeture de la base en 1980, la baie devint un port de pêche et de plaisance chic. Sa grande plage de sable blanc, en arc de cercle, ne manque pas de charme. Malgré leur aspect particulièrement kitsch, on ne pourra pas résister à louer un bateau à pédales en forme de cygne ! Pour les restaurants et les boutiques, préférez la partie près de Platja d'en Repic, la plus authentique.

6 Biniaraix**

Ce minuscule village est digne d'une carte postale du siècle dernier : ni hôtel ni échoppe, juste quelques cafés, des jardinets entourés de murets et des maisons serrées les unes contre les autres. Seul inconvénient : impossible de s'y garer, les ruelles pavées étant trop étroites. N'hésitez pas à vous lancer dans une des belles randonnées alentours, notamment celle qui grimpe au **Barranc de Biniaraix** *(p. 93)* : c'est incontestablement l'un des plus beaux tronçons du GR221.

7 Fornalutx**

Les Maures exploitèrent ici un terrain riche en fer, dont le nom reflète ce passé industriel : Fornalutx dérive du mot *fornel*, « la forge ». Le village vécut longtemps dans l'ombre de Sóller, avant de prendre son essor au XIXe s.

C'est aujourd'hui l'un des plus jolis de Majorque. On se perdra avec délice dans ses ruelles pour découvrir les belles façades, l'hôtel de ville et sa tour de défense, les maisons de couleur ocre, les petits escaliers bordés de pots en terre cuite… Curieuse particularité : 28 maisons du village possèdent des avant-toits aux tuiles décorées de formes géométriques rouges, d'animaux ou de signes astrologiques. Nul ne sait d'où vient cette tradition apparue entre les XVIe et XVIIIe s.

Mirador de Ses Barques**

Un très beau point de vue sur la région, perché à 400 m au-dessus de la mer. On vient surtout pour profiter de la terrasse panoramique du restaurant le temps d'un café, en particulier au coucher du soleil. Le reste du temps, il n'est pas rare de croiser des moutons très curieux sur le parking.

***Carretera des Puig Major : à 4,4 km N-O de Fornalutx en direction de Lluc, route côtière Ma-10, km 45* • Restaurant :** *voir p. 88.*

8 Route de Sa Calobra***

Le village de Sa Calobra est surtout un prétexte pour emprunter la mythique route Ma-2141 : 12 km de bitume avec des lacets fous et un dénivelé de 800 m. Effet grand huit assuré ! Pour admirer les pelotons de cyclistes qui la descendent avec adresse, arrêtez-vous au **Coll dels Reis** (682 m au-dessus de la mer) : vous aurez une vue d'ensemble sur les 26 virages à venir. Notez la forme tortueuse de la route à cet endroit : on dit que l'ingénieur s'est inspiré d'un nœud de cravate !

Sa Calobra*

Petite déception : le hameau et sa merveilleuse petite crique encaissée (parmi les plus belles de

LE TOP DES BELVÉDÈRES DE MAJORQUE

Majorque n'est pas avare en points de vue fabuleux, surtout le long des routes sinueuses de la Tramuntana. Au coucher du soleil, certains *miradors* (aménagés ou non) vous offriront vos meilleurs souvenirs de voyage. Mais d'autres panoramas vous attendent un peu partout, parfois dans les lieux les plus inattendus. Alors ouvrez l'œil !

Torre des Verger

Un panorama incroyable sur tout le nord-ouest, de Sa Dragonera jusqu'au port de Sóller.

Voir p. 66 • Valldemossa et la pointe ouest.

Es Grau

Aussi appelé *mirador* de Ricardo Rocca, il procure des sensations de vide saisissantes.

Voir p. 66 • Valldemossa et la pointe ouest.

Na Foradada

Juste devant Son Marroig, on surplombe toute la côte jusqu'à un curieux rocher percé.

Voir p. 77 • Autour de Sóller.

Coll dels Reis

Le meilleur endroit pour admirer les virages en épingle à cheveux de la route de Sa Calobra.

Voir p. 83 • Autour de Sóller.

Ses Barques

Magnifique point de vue sur le port en forme de coquille de Sóller.

Voir p. 83 • Autour de Sóller.

Es Colomer

Le plus spectaculaire des *miradors* de l'île ! Après quelques marches, la vue plonge sur les falaises et la côte déchiquetée.

Voir p. 97 • Vers le cap de Formentor.

Phare de Formentor

La vue sur le cap est presque aussi vertigineuse que la route pour y accéder !

Voir p. 99 • Vers le cap de Formentor.

Sant Salvador

On retient son souffle depuis la croix de pierre qui domine littéralement toute la plaine.

Voir p. 139 • Autour du cap de Ses Salines.

Le mirador es Colomer

l'île, dit-on) sont envahis par les cafétérias en self-service, et les nombreux bus touristiques créent de sacrés embouteillages. Venez plutôt à la fraîche : les teintes bleu-vert de l'eau seront certes moins éblouissantes, mais vous aurez les lieux rien que pour vous.

Cala Tuent⁺

Comparée à Sa Calobra, un peu trop prisée des touristes, Cala Tuent semble presque oubliée. L'eau y est pourtant aussi belle et vous serez bien plus tranquille pour vous baigner !

À 7 km S-O de Sa Calobra • Garez-vous dans la pente, puis empruntez les sentiers dévalant la forêt de pins.

Aux origines de Lluc

Comme souvent dans les pèlerinages, tout commence par un miracle. Le sanctuaire doit sa naissance à un berger arabe du XIIIe s., qui aperçut l'image de la Vierge dans les nuages. Converti au christianisme, il trouva ensuite, au sommet de la colline du Rosaire, une statuette représentant Marie sous les traits d'une vierge noire, baptisée la « Moreneta ». Les Majorquins vouent toujours une grande admiration à cette effigie, et l'ont couronnée d'une auréole sertie de pierres précieuses.

9 Santuari de Lluc⁺⁺

S'il est un lieu cher au cœur des Majorquins, c'est bien le monastère de Lluc. C'est le centre spirituel de l'île, et ils y viennent encore nombreux en pèlerinage, à pied depuis Pollença, ou même, une fois par an, de nuit depuis Palma. Rançon du succès : le site a pris des airs de complexe touristique, avec restaurants, boutique de souvenirs, hôtel, camping… Un vrai business !

Passé l'enceinte, pourtant, l'atmosphère redevient celle d'un lieu de culte : le pas se ralentit, les conversations s'éteignent… On peut alors profiter de la sérénité qu'inspire cette agréable basilique reconstruite au XVIIe s., qui a pris un coup de jeune au XXe s. : Gaudí, séduit par les lieux, la para de dorures et de quelques touches modernistes.

☎ 971 87 15 25 • www.lluc.net • T.l.j. 8h30-19h30 • Entrée gratuite mais parking payant : 5 €/pers.

Museu

L'un des plus beaux musées consacrés à la culture majorquine ! On y découvre des amphores et des lingots trouvés dans un bateau romain ayant fait naufrage au large de Cabrera, des vêtements et des bijoux traditionnels, le mobilier d'une chambre baroque bourgeoise, diverses œuvres du XVIIe au XXe s. représentant la Serra de Tramuntana… On s'attardera surtout sur la collection de crèches, minutieusement réalisées (une tradition de Noël majorquine importante) et sur les peintures de Josep Coll Bardolet (1912-2007), qui illustra la vie des villages alentour. Ses scènes de danse sont de toute beauté.

• Lun.-ven. 10h-14h • Entrée 5 €.

10 Inca

Une petite ville où l'on ne fera que passer… sauf si l'on est amateur de mode. Depuis le XVe s., Inca est en effet spécialisée dans le cuir et regorge de boutiques de maroquinerie. Venez le jeudi, jour du plus grand marché de l'île !

Pour découvrir l'autre facette de la ville, il faudra descendre sous terre : Inca était autrefois célèbre pour son vin (avant l'épidémie de phylloxera qui décima la vigne au XIXe s.), et on peut encore visiter certaines vieilles caves voûtées dans les sous-sols de la cité.

11 Binissalem✦

Vous voici au cœur de la région des vins, où sont produits les DO *(Denominación de Origen)* Binissalem, des vins rouges issus de vignobles dont l'origine remonte à l'époque romaine ! Anéantie par l'épidémie de phylloxera au XIXe s., la viticulture locale renaît peu à peu, avec une qualité toujours croissante ! Le long de la Ma-13a, de nombreux chais et vignobles proposent des visites et des dégustations, les plus célèbres étant Macià Batle et José L. Ferrer.

Restos | Bars | Hôtels | Shopping | Activités

Restos Bistrots

Na Foradada

Panoramique 9

Sur la route des corniches, entre Deià et Valldemossa, ce restaurant est littéralement niché dans la falaise. Une situation spectaculaire qui réhausse d'autant plus la saveur délicate des plats.

Carretera Valldemossa-Deià, km 65 (parking de Son Maroig) • ☎ 971 63 60 84 • www.naforadada.es • Ven.-dim. 13h-21h (bar : t.l.j.) • Plats 15-30 €.

Nama

Local et bohème 10

Si vous êtes séduit par la déco, avec ses meubles en rotin et ses papiers peints tendance, vous le serez tout autant par la cuisine aux accents asiatiques. Mention spéciale pour les calamars crus à l'aïoli et le curry de canard aux mangues ! Une cuisine à base de produits 100 % locaux, à déguster sur la terrasse à l'écart de la foule.

C/ Arxiduc Luis Salvador, 22, Deià • ☎ 971 63 61 02 • www.restaurantnama.com • Jeu.-ven. 18h-22h30, sam.-lun. 13h-22h30 • Plats environ 20 €.

Sebastian

Gastronomique 11

À l'ombre des oliviers, on profite d'une vue magnifique sur Deià et ses terrasses en escaliers. Le spectacle est aussi dans l'assiette, avec la cuisine inventive et gourmande d'un chef allemand respectueux des saisons et épris de saveurs locales. Il revisite à merveille les classiques majorquins, avec beaucoup de poésie.

C/ Felipe Bauza, Deià • ✆ 971 63 94 17 • www.restaurantesebastian.com • Menu à partir de 35 € le midi ; plats 20-30 €.

Ca'n Pintxo

Tapas revisitées 12

Un petit air basque flotte dans ce bar à tapas du centre-ville de Sóller. Ici, la couleur des piques détermine le prix. Côté saveurs vous ne serez pas déçu, car sous des airs de petit bar de quartier, l'adresse est gastronomique. Il suffit de goûter aux gnocchis sauce truffe, aux raviolis farcis d'oursins et aux tacos au cochon de lait pour être convaincu.

C/ de la Rectoría 1, Sóller • ✆ 971 63 16 43 • www.canpintxo.com • T.l.j. 18h30-23h30 • Tapas 5-6 €, pintxo 1-4,5 €.

Ca'n Pintxo

Re Organic

Écoresponsable 13

Côté vitrine, une boutique de produits bio ; côté terrasse, un café-restaurant bien caché, avec une carte *healthy* très appétissante : *bowl* de légumes crus, soupes, plats du jour avec option sans gluten et sans lactose... Chaque week-end, en soirée, le café se tranforme en restaurant gastronomique de haut vol. Laissez-vous alors embarquer dans un voyage culinaire autour du monde, avec 9 escales élaborées avec le chef renommé du restaurant Brut à Llubi. Une expérience exceptionnelle, uniquement sur réservation.

C/ Sa Mar 43, Sóller • ✆ 971 63 89 92 • www.reorganic.es • T.l.j. 10h-15h30 (fermé 2 j./sem., jours variables) • Plat 12-20 €.

Patiki

Healthy 14

Au bout de la plage, dans une anse protégée, Patiki est le genre d'endroit où on a envie de se lover

Ca's Patro March, dans la Cala de Deià

toute la journée, les pieds dans le sable. Dans un ancien hangar à bateaux, ce *chiringuito* propose une carte simple et gourmande, avec uniquement des produits locaux. On redécouvre le goût des légumes crus dans de délicieux sandwichs, *rolls* végétariens et salades.

Cami del Far, 2, Port de Sóller
• ☎ 971 63 45 58 • www.patikibeach.com
• Avr.-nov. : t.l.j. 12h-20h • Plat 10-19 €.

King Fisher

Produits de la mer 15

C'est la cantine chic des habitants de Sóller lorsqu'ils veulent faire un tour au port ! Sur la terrasse avec vue sur les yachts, on déguste des *fish and ships* accompagnés de purée de petits pois (bien meilleurs que leurs cousins britanniques), des soupes de poissons auréolées de *crostinis*, des hamburgers de bar croustillants…

C/ San Ramon de Penyafort, Port de Sóller
• ☎ 971 63 88 56 • www.kingfishersoller.com
• Mar.-sam. 12h jusque tard le soir
• Repas 20-25 €.

Ca N'Antuna

Majorquin 16

À la carte, rien que des spécialités majorquines, et en portions copieuses ! L'agneau rôti, les calamars farcis et le cochon de lait rôti ont leurs aficionados, surtout le dimanche. Alors mieux vaut réserver pour être sûr d'avoir une place sur la terrasse.

C/ Arbona Colum 14, Fornalutx
• ☎ 971 63 30 68 • Lun.-sam. 12h30-16h et 19h30-23h, dim. 12h30-16h • Plats 8-20 €.

Mirador de Ses Barques

Majorquin 17

Dominant la Grande Bleue, ce restaurant-*mirador* est connu

pour ses spécialités locales 100 % maison. Entre la pieuvre aux oignons et le *frit mallorqui* (ragoût d'abats), les recettes réservent de belles surprises. *Happy hours* certains soirs en été pour profiter du coucher du soleil. Magique !

Route côtière Ma-10, km 45 • 971 63 07 92 • Facebook : Mirador-de-ses-Barques • Été : t.l.j. 10h-minuit ; hiver : mar.-dim. 10h-19h (cuisine jusqu'à 16h) ; f. en janv. • Plats 10-18 €.

Ca na Toneta

Bohème chic 18

C'est le genre d'adresse que l'on voudrait garder secrète tellement le lieu, la déco et la cuisine sont proches de la perfection ! Un esprit bohème chic qui nous embarque dans l'univers méditerranéen de la chef Maria Solivellas. Une expérience gustative locavore, soulignée par la jolie vaisselle d'un céramiste majorquin.

C/ Horitzó, 17, Caimari • 971 51 52 26 • www.canatoneta.com • Été : jeu.-mar. : soir ; hiver : w.-e. midi et soir • Repas 60 €.

VOIR AUSSI P. 78 :

Ca's Patro March 19

Bars, clubs Sorties

Café Miró

Bar lounge 3

Le cadre chicissime de l'hôtel Belmond (l'un des plus beaux de l'île), une vue magnifique sur la montagne et une carte des cocktails longue comme le bras (onze cuvées de prestige rien que pour le calvados !) : c'est le trio gagnant du Café Miró. Un lieu unique et romantique, à découvrir à la tombée de la nuit, sur fond de notes *jazzy*.

Hôtel La Residencia-Belmond, C/ Son Canals, Deià • 971 63 90 11 • www.belmond.com • T.l.j. 11h-minuit • Cocktails 12-18 €, bière 9 €.

Hotel Espléndido

Bar à cocktails 4

Contemporain et chic, ce bar d'un hôtel de luxe est idéal pour prendre une coupe de cava. Deux options : s'asseoir autour du bar, éclairé de bouteilles de toutes les couleurs, dans une ambiance lounge, ou s'installer sur la terrasse pour profiter d'un coucher de soleil sur la mer. *So romantic !*

Passeig Es Través, 5, Port de Sóller • 971 63 18 50 • www.esplendidohotel.com • T.l.j. 13h-23h • Cocktails 10 €.

MiniBar

Bar à cocktails 5

D'un côté, un bar sur deux étages qui ressemble à des cubes superposés ; de l'autre, un glacier emblématique qui vous fera succomber de plaisir. Le soir, l'ambiance du MiniBar est vraiment électrique, et peu importe si l'endroit est minuscule, car les clients investissent massivement le trottoir, qui fait alors office

MiniBar

de terrasse ! Goûtez absolument aux gins tonic mémorables préparés par Salvatore.

Polígon des Través, 9, Port de Sóller • ✆653 60 83 21 • T.l.j. 11h-1h • Cocktails 8 €.

Hôtels B&B

Refugi Can Boi

Gîte d'étape 3

Ce gîte d'étape est plutôt spartiate, avec de grands dortoirs (pour 4, 6 et 18 personnes), mais il reste une bonne option car il est très économique et bien situé. Sa déco sobre (bois, pierre, murs blancs) lui donne un côté très contemporain. Terrasse à l'extérieur pour le petit déjeuner.

C/ Es Clot, 5, Deià • ✆971 63 61 86 • www.grupocostanord.com • À partir de 15,50 €, résa obligatoire ; panier du randonneur sur résa 8 €.

Lluna Aqua Sóller

Hôtel familial 4

Niché dans une belle villa en plein centre de Sóller, ce petit hôtel de 12 chambres se distingue par son ambiance de maison d'hôtes et ses chambres personnalisées. Un écrin moderniste pour un décor aux lignes épurées. Coup de cœur pour la chambre « Double premium ».

C/ Sa Lluna, 21, Sóller • ✆871 51 00 00 • www.llunaaquahotel.com/fr/ • Double 85-125 €.

Shopping Cadeaux

Fet a Sóller

Épicerie et céramiques 3

Originaire de Sóller, ce regroupement de producteurs propose des huiles, des confitures, des conserves… En prime de jolies céramiques faites par des handicapés.

Plaça del Mercat, Sóller (également une succursale à C/ de la Marina, 2, Port de Sóller) • ✆971 63 88 39 • www.fetasoller.com • Lun.-ven. 10h30-17h30, sam. 9h-14h.

Ben Calçat

Artisan chausseur 4

Avec ses murs tapissés de chaussures colorées, la boutique ne manque pas de charme. Ici, le principe est au recyclage et les *porqueres* (chaussures majorquines) sont fabriquées dans le petit atelier au fond du magasin depuis les années 1970.

C/ Sa Lluna, 74, Sóller • 971 63 28 74 • www.bencalcat.es • Lun.-ven. 9h-20h, sam. 9h30-14h.

Cooperativa agrícola Sant Bartomeu

Spécialités locales 5

Envie d'un pique-nique gourmand ? Direction cette coopérative centenaire pour faire le plein de fruits, légumes, huile d'olive, marmelades d'agrumes... Il y a même du pain bio. Un repère de saveurs authentiques et locales, bien connu des amateurs !

C/ de Fornalutx, 8, Sóller • 971 63 02 94 • www.cooperativasoller.com • Lun.-ven. 8h-19h, sam. 8h-15h • Bouteille d'huile d'olive à partir de 6 €.

Activités Détente

Mon d'Aventura

Canyoning

Soif d'adrénaline ? Le torrent de Coanegra a creusé un joli canyon d'une dizaine de kilomètres entre Orient et Bunyola. C'est l'endroit idéal pour pratiquer le canyoning, même lorsqu'on est débutant ! Au programme : une balade de 4 à 5 heures ponctuée de sauts, de cascades, de glissades...

971 53 52 48 • www.mondaventura.com • À partir de 50 €/pers.

Sóller Sup

Stand up paddle

C'est dans la baie la plus protégée de Majorque que Rodrigo a posé son sac et ses planches. Ce spécialiste de la glisse propose à tous de se familiariser avec le stand up paddle. Les plus doués continueront la balade le long des falaises, à la sortie du port.

Passeig es Través, 10, Port de Sóller • 644 56 30 99 • www.sollersup.com • 2h/20 € ; demi-journée 30 €.

Jabón de Mallorca

Ateliers de distillation

C'est dans une jolie maison entourée d'orangers et de citronniers que Joaquim apprend à distiller les huiles essentielles après avoir récolté les fleurs et les plantes de son jardin. On peut en profiter pour faire le plein de cosmétiques écoresponsables, car notre artisan crée aussi des savons naturels, des eaux florales, des shampooings solides et de l'huile corporelle d'amande douce bio, tous d'un très bon rapport qualité/prix.

Av. d'Astúries, 28, Sóller • 654 91 83 48 • www.jabondemallorca.com • Atelier en français : 1h30/35 € • À partir de 3 pers.

LE LONG DU TORRENT DE PAREIS

Cette randonnée exceptionnelle, mais réservée aux marcheurs chevronnés, est l'une des plus célèbres de l'île. Elle ne se découvre qu'en été, lorsque l'eau laisse la place à un environnement minéral à couper le souffle. Le sentier conduit au fond d'une gorge particulièrement étroite bordée de parois abruptes.

INFORMATIONS PRATIQUES

- Randonnée faisable uniquement en été, quand le torrent est à sec.
- Vérifiez toujours la météo, car l'accès est interdit en cas de temps orageux.
- Départ : plage de Sa Calobra.
- Distance et durée : 6,5 km (6h). Rajoutez 4-5h pour le retour. Sinon, il est possible de prendre le bus n° 355 qui ramène à Sa Calobra (bien se renseigner au préalable sur les horaires).
- Dénivelé : 740 m.
- Randonnée difficile, réservée aux bons marcheurs. Quelques passages nécessitent l'aide des mains.
- Emportez beaucoup d'eau, car les températures grimpent à 35 °C en été.
- Guide conseillé, tous les hôtels de la région pourront vous en indiquer un.
- Cartes et infos sur www.wikiloc.com/hiking-trails/torrent-de-pareis-26430149

Le long du rivage

La randonnée, bien indiquée, longe d'abord la falaise, puis la traverse en deux endroits. Les tunnels, éclairés et percés de fenêtres donnant sur la mer, débouchent sur une incroyable gorge. Sur la gauche se déploie une superbe plage de galets blancs. Sur la droite, le lit du torrent, complètement asséché l'été, dévoile de spectaculaires falaises de 300 m de haut, appréciées des amateurs d'escalade. Cet amphithéâtre naturel sert alors souvent de cadre à des concerts.

La remontée du canyon

Le canyon se déploie sur 6 km et se resserre peu à peu. Il doit la diversité de sa flore à son microclimat chaud et humide. Selon le mois, si le torrent n'est pas encore complètement à sec, les marcheurs devront par endroits s'aventurer dans l'eau jusqu'à la taille !

Après 2 km, le chemin est obstrué par d'impressionnants blocs de pierre polis. C'est la partie la plus compliquée de l'ascension, car on ne peut franchir ces obstacles qu'en s'aidant des mains. Sensations fortes garanties, d'autant que le paysage donne vraiment l'impression d'être un aventurier seul au monde…

Le trek s'achève sur la Ma-10, au niveau du restaurant Escorca, qui permettra de reprendre des forces avant d'envisager le retour.

LE CAMÍ DEL BARRANC DE BINIARAIX

Le chemin du Barranc de Biniaraix est l'un des plus beaux tronçons du GR221 (plus connu sous le nom de « route de pierres sèches »). On grimpe sur un joli sentier pavé, au milieu de terrasses centenaires de vergers et d'oliviers, en profitant d'une vue fantastique sur toute la vallée de Sóller !

INFORMATIONS PRATIQUES

- Départ : Biniaraix, au niveau du lavoir.
- Distance et durée : 12 km A/R (5h).
- Dénivelé : 800 m.
- Difficulté : moyenne. Le sentier est en bon état mais l'ascension est parfois ardue, surtout au soleil.
- Conseil : emportez suffisamment d'eau et un chapeau.
- Cartes et infos sur www.wikiloc.com/hiking-trails/barranc-de-biniaraix-8547467

Au milieu des terrasses

Ce merveilleux sentier ancestral a été tracé au XIVe s. par les pèlerins en route vers le santuari de Lluc *(p. 85)*. Très bien entretenu, il est aujourd'hui pavé de pierres sèches et compte 2000 marches. Il longe le torrent qui alimente le lavoir et s'aventure entre les petites propriétés agricoles, zigzaguant dans les champs d'oliviers en terrasses, au pied desquels poussent des cyclamens blancs et des bosquets de chênes.

La gorge de Biniaraix

Le sentier franchit ensuite la gorge de Biniaraix, où le paysage, toujours verdoyant, se fait plus sauvage. Le pavage laisse place par endroits à un sentier caillouteux. Enfin se dévoile le but de l'excursion : le Puig de l'Offre, sommet de 1090 m d'altitude.

Les plus courageux continueront vers le réservoir de Cùber (1h30 de plus), où passe deux fois par jour le bus n° 354, qui ramène à Sóller. Plus simple : commencer tôt le matin en montant en bus jusqu'au lac, et faire la balade en descente !

Sentier pavé typique du GR221

VERS LE CAP DE FORMENTOR

5

Amateurs des grands espaces, préparez-vous à en prendre plein les yeux ! Le long de cette presqu'île montagneuse, on arpente l'une des routes les plus spectaculaires de Majorque. Un conseil : prenez votre temps et attardez-vous sur les quelques petites plages. Peu fréquentées, elles sont accessibles par de courtes balades bien agréables.

Le mirador es Colomer

1 Pollença++

On flâne avec bonheur dans cette petite ville au charme suranné, dotée de nombreuses boutiques d'artisans. Le dimanche matin, jour de marché, le son des cornemuses traditionnelles retentit dans les rues, les rires résonnent, les cabas se remplissent… Un grand moment de convivialité ! Pollença se démarque des autres localités par ses édifices religieux bâtis au sommet des collines, qui offrent de très beaux points de vue.

Pont romain

Le mystère demeure concernant ce pont à double arche qui enjambe le torrent Sant Jordi : certains historiens le disent vestige d'un aqueduc romain, d'autres l'estiment médiéval. C'est en tout cas d'ici que démarre le pèlerinage vers le monastère de Lluc *(p. 85)*, qui suit une route de 14 km à travers les orangers et les forêts de chênes. Aujourd'hui plus un plaisir qu'une pénitence !

Museu Dionís Bennàssar

Né à Pollença, le peintre Dionís Bennàssar (1904-1967) passa la moitié de sa vie dans cette demeure, où sont désormais exposées ses esquisses, huiles et aquarelles de Majorque. L'artiste est peu connu en dehors des Baléares, ce qui est bien dommage : les couleurs flamboyantes de ses œuvres sont fascinantes !

C/ Roca, 14 • ☏ 971 53 09 97 • www.museudionisbennassar.com • Mar.-ven. 10h-15h, sam.-dim. 10h-14h • Entrée 3 €.

2 Coves de Campanet✦

Cette grotte est plus petite et moins connue que celles à l'est de l'île. Pourtant, ses stalactites sont aussi bien préservées, et ses dentelles de pierre encore plus fines. Le site étant en dehors des circuits touristiques, peu de bus s'y arrêtent et vous pourrez donc en profiter en toute tranquillité.

Camí de Ses Coves, Campanet • ☏ 971 51 61 30 • www.covesdecampanet.com • T.l.j. 10h-18h30 (17h30 en hiver) • Entrée 15 €.

3 Cala Sant Vicenç

Disons-le tout de suite, ce n'est pas le coin le plus enchanteur de l'île. Le village, très touristique, ne vit qu'en été, grâce à l'animation de ses quatre plages. D'un côté, **Cala Barques** et **Cala Clara**, avec leurs parasols bien alignés, sont séparées par une imposante construction hôtelière disgracieuse. À 20 min de marche, on trouve **Cala Molins** et les Coves d'Alzinaret : sept cavités funéraires creusées dans la roche, datant de l'âge du bronze. **Cala Carbo**, la toute dernière plage, n'a pas grand intérêt.

4 Port de Pollença

Port de Pollença est très prisé pour sa belle plage de sable blanc, ses fonds en pente douce et ses nombreuses activités, mais la station balnéaire manque toutefois de charme. Elle se développa au début du XXe s., attirant la jet-set internationale de l'époque. Agatha Christie y séjourna, on y aperçut Elizabeth Taylor et Audrey Hepburn, et Churchill lui-

Une ville pieuse

Les habitants de Pollença font preuve d'une grande ferveur religieuse. En témoignent l'oratori del Calvari, une petite chapelle du XVIIIe s. à laquelle on accède par un long escalier de 365 marches, que les pèlerins les plus consciencieux montaient autrefois à genoux ; ou encore le santuari del Puig de Maria, une église perchée où la Vierge serait apparue à trois religieuses au XIVe s. Pourtant, la grande fierté de Pollença est... bouddhique ! Il s'agit d'un grand mandala offert par le dalaï-lama lors de son passage dans la ville en 1990.

Mandala visible au Museu municipal, C/ Guillem Cifre de Colonya.

Cher cap

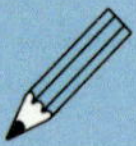

En 1929, le peintre argentin Adán Diehl tomba amoureux du cap de Formentor, encore sauvage. À tel point qu'il l'acheta et y fit construire l'Hôtel Formentor, quintessence du luxe. Des prestations si chères qu'Agatha Christie elle-même renonça à s'y offrir une chambre lors de son passage en 1932 (elle se replia sur Port de Pollença, qui lui inspira en 1935 *L'Intrigante de Pollensa*). Rassurez-vous toutefois : même si les terrains de la péninsule appartiennent toujours principalement à la famille Diehl, elle en laisse l'accès libre au public.

même y venait en vacances. Les familles fortunées de Majorque y firent construire des villas pour se rapprocher des célébrités.

5 Cala Bóquer✦

Cette petite crique toute calme et encore relativement méconnue n'est accessible qu'à pied. Vous croiserez en chemin d'anciens fours en pierre et les vestiges d'un village talayotique, **Bocchoris** (Ier millénaire av. J.-C.). À l'arrivée vous attendent une plage de galets bordée d'une eau d'un bleu turquoise étourdissant, et quelques chèvres curieuses.

Au rond-point, au début de la route vers Formentor, prenez à g. ; vous verrez un panneau indiquant « Possessió de Bóquer » : garez-vous et empruntez le sentier de

L'extrémité du cap de Formentor

2,5 km (40 min) qui longe la propriété (comptez 15 min de plus au retour : ça monte !) • Accès possible depuis Port de Pollença : 1h ; plan à l'office de tourisme ; facile, mais mieux vaut avoir de bonnes chaussures de marche.

6 Mirador es Colomer✦✦✦

Si vous n'avez le temps que pour un seul arrêt sur la péninsule de Formentor, il faut absolument vous rendre à ce belvédère agencé en terrasse sur une pointe rocheuse. Il offre des vues vertigineuses sur les falaises, avec à l'infini le bleu du ciel et de la mer. Une des expériences inoubliables de Majorque !

Au km 4,5 • Parking souvent complet ; la petite route à dr. dispose d'autres places.

Talaia d'Albercutx✦✦

Vue imprenable sur la région depuis cette tour de guet perchée sur une colline. Les plus téméraires emprunteront la douzaine de barreaux (solidement ancrés, mais attention, les premiers sont à l'extérieur du bâtiment) pour profiter d'un panorama à 360°. On aperçoit, droit devant, le bout du cap et le phare, d'un blanc éblouissant. Sur la droite se découpe l'élégante péninsule d'Alcúdia et, par temps clair, on distingue même Minorque !

Depuis le mirador es Colomer, prenez sur la dr. la petite route tortueuse • Quelques places de parking en bord de route une fois arrivé au sommet.

7 Platja de Formentor✦✦✦

Également appelée **Cala Pí** (à ne pas confondre avec la crique du même nom sur la côte sud), la plage de sable blanc de l'hôtel Formentor a vu passer bien des célébrités : Gary Cooper, John Wayne, Winston Churchill, la famille royale espagnole… Il faut dire que ses eaux cristallines sont irrésistibles ! Seul bémol : le parking est payant et assez cher (10 €/j. pour le plus proche, 9 € en s'éloignant, paiement en espèces seulement). Si vous n'avez pas prévu de pique-nique, le bar L'Espigo propose sandwichs et plats chauds à prix raisonnables. Une bonne option, car vous ne croiserez plus d'autre café avant le phare…

LE TOP DES RANDONNÉES DE MAJORQUE

Amateurs de randonnées, Majorque regorge de sentiers balisés, certains longeant les côtes au bord de falaises vertigineuses, d'autres s'enfonçant dans l'arrière-pays verdoyant. De la simple balade en famille jusqu'à la traversée de la mythique route de pierres sèches (GR 221), il y en a pour tous les goûts.

Sa Dragonera

Les randonnées le long des criques de cette île sont magnifiques et faciles à faire avec des enfants. Et c'est encore mieux lorsqu'on combine la marche avec une arrivée en kayak !

Voir p. 64 • Valldemossa et la pointe ouest.

Sa Volta des General

Une jolie balade facile entre mer et montagne au départ de Banyalbufar, dans un paysage inscrit au patrimoine mondial par l'Unesco.

Voir p. 75 • Valldemossa et la pointe ouest.

Le torrent de Pareis

Réservée aux très bons marcheurs, la rando remonte le cours asséché d'un torrent, au cœur d'un canyon spectaculaire. Mythique !

Voir p. 92 • Autour de Sóller.

Le Barranc de Biniaraix

S'il ne fallait retenir qu'un tronçon de la route de pierres sèches, ce serait celui-là. Le paysage y est d'une harmonie et d'une sérénité absolument incroyables ! Mais c'est aussi l'une des marches les plus longues de l'île…

Voir p. 93 • Autour de Sóller.

La nécropole de Son Real

À côté d'Alcúdia, on rejoint une nécropole talayotique juste au bord de la mer. Parfait pour mélanger culture, marche et farniente !

Voir p. 122 • Alcúdia et le cap des Pinar.

Le Talaia d'Alcúdia

Peu fréquentée, cette randonnée rejoint le sommet du pic le plus élevé des environs d'Alcúdia. La vue à 360° mérite amplement l'effort !

Voir p. 123 • Alcúdia et le cap des Pinar.

Les calas du Llevant

Une superbe marche de crique en crique : c'est le seul moyen de rejoindre des plages et des calas sublimes, parmi les plus isolées de l'île !

Voir p. 137 • La presqu'île du Llevant.

8 Cala Figuera✦

Ici, pas de plage sablonneuse mais une crique adorable, bordée de pans rocheux où l'on peut poser sa serviette. L'eau, d'une clarté fabuleuse, est propice au snorkeling : on passera plus de temps à plonger qu'à bronzer sur les rochers.

Parking au km 12,8 puis 15 min de marche en pente avec gravillons : niveau facile, mais évitez les sandales.

9 Cala Murta

De l'ombre, enfin ! Le sentier traverse une forêt de pins puis débouche sur une plage de graviers. Vous y croiserez des familles majorquines. Continuez donc un peu la promenade sur la droite, jusqu'au bout de la pointe. Les couleurs n'en seront que plus belles.

Sur la côte sud de la péninsule • Parking au km 12,8, puis 30 min de marche.

10 Cap de Formentor✦✦✦

La route serpente en beauté jusqu'au **phare de Formentor**, qui marque l'extrémité de Majorque. Le terrain accidenté fut un vrai défi à sa construction, et il fallut six ans pour en venir à bout, en dépit de la permission expresse de l'évêque de travailler le dimanche et de remplacer la messe par une bénédiction sur le chantier ! En 1863, enfin, la lampe fut opérationnelle (notez qu'à l'époque, elle utilisait de l'huile d'olive !).

Du bout de la péninsule, le panorama est exceptionnel : d'un côté, des falaises escarpées époustouflantes où viennent nicher les faucons d'Éléonore ; de l'autre, plus rien que la Grande Bleue et l'horizon. Au soleil couchant, quand le ciel se teinte de rouge, d'orange et de rose, le phare est le rendez-vous des amoureux.

Pause au bout du monde : Faro de Formentor

Planté au bout de la route en lacet, le phare de Formentor domine une côte déchiquetée à couper le souffle. Et pour apprécier encore plus le paysage, rien ne vaut de s'attabler sur la terrasse de la caféteria du phare, pour un petit *cortado* (café noisette) accompagné d'un gâteau aux amandes. Avec un peu de chance, vous apercevrez même Minorque au loin. Une expérience mémorable !

10 *C/ Formentor, Coves del Cap • ☏971 88 72 19 • T.l.j. 9h30-19h (nov.-mars jusqu'à 16h).*

Can Mir 45

Restos Bistrots

Can Mir 45

Tapas revisitées 20

Ancien chef d'un restaurant gastronomique, Clivia a décidé de changer de casquette en ouvrant ce bistrot citadin, branché et décontracté.
Une aubaine, car il a gardé ses recettes et leur cuisson parfaite. Des plats à partager – patates douces aux amandes, poulpe au vinaigre, tataki de thon – et à déguster sans modération !

C/ Miquel Bota Totxo, 10, Pollença • ☏ 971 53 42 41 • Mer.-dim. 12h30-16h et 19h30-23h • Tapas 8-13 €.

La Fonda

Traditionnel 21

Qu'il est bon de s'installer sur la terrasse, à l'écart de la foule ! Ici, on vient surtout pour déguster des recettes traditionnelles : paellas, cabri rôti, lapin aux oignons cuisiné à la majorquine, avec des blettes, des pignons et des raisins. Belle carte de poissons locaux.

C/ Antoni Maura, 32, Pollença • ☏ 971 53 47 51 • Facebook : restaurantelafondapollensa • Fév.-nov. : mar.-dim. 13h-15h30 et 19h-23h • Plats 11-21 €.

Bellaverde

Végétarien 22

À l'ombre des figuiers centenaires, Svenja concocte des plats vegan aux saveurs insoupçonnées, comme le gaspacho blanc au wasabi ou le gâteau au chocolat auréolé d'une glace à la truffe fraîche et oignons caramélisés ! Une cuisine imaginative et osée, qui suit les saisons et respecte un circuit court.

C/ de les Monges, 14, Port de Pollença • ☎ 675 60 25 28 • https://restaurantbellaverde.wixsite.com/bellaverde • Mar.-dim. 12h-2h • Plats 15 €.

Celler La Parra

Cuisine traditionnelle 23

Cette ancienne cave de style majorquin des années 1960 n'a pas changé, et ses recettes non plus ! C'est la même famille qui est aux fourneaux et, lorsqu'on franchit la porte, on est sûr de se régaler de *lechona* (cochon de lait) cuit au feu de bois, d'abats frits *(frit mallorqui)*, d'épaule d'agneau et de *tumbet* (aubergines)

C/ Joan XXIII, 84, Port de Pollença • ☎ 971 86 50 41 • www.cellerlaparra.com • Mar.-dim. 13h-16h et 18h30-23h • Plats 7-16 €.

Cantina del Moll Nou

Cantine de la mer 24

Une cabane style container en guise de cuisine et une terrasse avec vue sur les yachts à faire pâlir les meilleurs restaurants gastronomiques : cette cantine du port est idéale pour déguster des calamars frits, des *chipirones* et des crevettes fraîchement pêchées. Et les tapas sont délicieuses !

C/ del Moll Nou, Port de Pollença • ☎ 615 89 64 29 • www.grupembat.com • Repas 10-20 €.

Terrae

Tapas revisitées 25

Respectueux de l'environnement, des saisons et des produits frais, David est un esthète du goût. Rien ne se perd et tout se recycle, même les épluchures, qu'il transforme en chips ! Une créativité hors pair teintée de saveurs épicées sud-américaines et parfois chinoises. Ses tapas sont tout simplement des œuvres d'art !

C/ Virgen del Carmen, 19, Port de Pollença • ☎ 620 70 72 52 • www.terraerestaurant.com • Ven.-dim. 19h-23h • Repas 15-30 €

Bars, clubs Sorties

U Gallet

Bar à cocktails 6

Situé à proximité des marches d'accès au sanctuaire, ce bar est le rendez-vous des noctambules et des sportifs, qui viennent regarder un match de foot ou de rugby le week-end. Les cocktails et les bières coulent à flot et l'ambiance est à son comble !

C/ Balaixa, 12, Pollença • ☎ 971 84 94 29 • T.l.j. 19h-2h • Cocktails à partir de 8 €.

La Birreria

Bières du monde 7

Ici, on ne lève pas son verre mais sa pinte ! Belle sélection de bières trappistes et, surtout, de belles découvertes 100 % locales. Perchez-vous sur l'un des tabourets au comptoir et commandez des pintxos pour accompagner la petite mousse.

C/ del Temple, 7, Pollença • 696 60 27 18 • Mar.-dim. 13h-2h.

Lemon Lounge Bar

Bar d'hôtel 8

Posé sur un ponton face à la mer et à la digue, le bar de l'hôtel Hoposa Daina a de quoi séduire. Avec sa belle carte de cocktails et ses transats confortables déployés juste à côté d'une piscine, c'est le lieu parfait pour *chiller* après un bon resto ! Musique *live* certains week-ends.

C/Atilio Bovari, 2, Port de Pollença • 971 86 62 50 • wwww.hoposa.es • T.l.j. 19h-23h • Cocktails 12 €.

Terraza 360

Bar à cocktails 9

Aventurez-vous au milieu du port, jusqu'au club nautique, car le lieu est magique et les cocktails mémorables ! Ouvert sur la mer, le bar aux formes arrondies donne l'impression d'être sur un yacht. Goûtez absolument aux alcools locaux rehaussés d'herbes récoltées dans la Tramuntana, 100 % bio ! DJ le week-end à partir de 20h.

Reial Club Nautic, Moll Vell, Port de Pollença • 971 86 46 35 • Eté : t.l.j. 12h-2h ; hiver : ven.-dim. 16h-2h • Cocktails 10 €.

VOIR AUSSI P. 99 :

Faro de Formentor 10

Hôtels B&B

Ermita de la Mare de Déu del Puig

Hébergement insolite 5

Le lieu est incroyable ! Ce sanctuaire perché en haut de la montagne rouge de la Roca propose des chambres basiques de 2 à 8 personnes, avec salle de bains commune. On se croirait au bout du monde, et en tout cas à mille lieues de l'agitation de Pollença.

À la sortie sud de Pollença sur la Ma-2200 en direction de Sa Pobla ; depuis le parking, prévoir 15 min de marche • 971 18 41 32 • Lit 17-22 €

Shopping Cadeaux

Abco Pottery

Céramique 6

Apolonia et Bernat sont deux céramistes originaires de Pollença. Inspirés par les paysages de Majorque et leurs couleurs allant du vert des cactus au turquoise de la mer, ils créent de la vaisselle peuplée d'animaux marins sur fond blanc. Chaque pièce est modelée, peinte et émaillée artisanalement.

C/ Sant Domingo, 35, Pollença • ☏622 71 75 81 • www.abcopotterystudio.com • T.l.j. 10h-14h (apr.-m. uniquement sur r.-v.) ; fermé en fév. • Assiette peinte 23-45 €.

Teixit Vicens

Tissus traditionnels 7

Fabriquant des tissus majorquins depuis 1854 (le fameux *« robes de llengües »*), cet artisan a remis au goût du jour des motifs traditionnels qui font fureur dans les magazines de déco. Jetez un coup d'œil du côté des pochettes et des coussins. Des cadeaux parfaits ! Possibilité de visiter les ateliers sur rendez-vous.

Rotonda Can Berenger, Pollença • ☏971 53 04 50 • www.teixitsvicens.com • Lun.-ven. 9h-14h et 15h30-19h30, sam. 10h-14h • Set de table 18 €.

Abco Pottery

Sol y Tierra

Épicerie 8

Et si on faisait le plein de produits locaux ? On trouve ici des vinaigres aromatisés, des gins de Majorque, des moutardes, des confitures artisanales, des sauces, et même du thé à base de feuilles d'olivier !

C/ Calvari, 11, Pollença • ☏971 531 105 • www.solytierra.eu • Mars-oct. : t.l.j. 11h-17h ; nov.-fév. : horaires irréguliers • Vinaigre balsamique 200ml 13 €.

Activités Détente

Bike Island

Excursion à vélo

En été, la fin de la route vers le phare de Formentor est fermée à la circulation. C'est l'occasion rêvée pour partir à vélo électrique – obligatoire à moins d'avoir des mollets en béton – à l'assaut de ce magnifique tronçon qui serpente le long des falaises. Beaux points de vue en perspective, mais attention aux chèvres sauvages !

C/ de Formentor, 14, Port de Pollença • ☏676 60 78 22 • www.bikeislandmallorca.com • T.l.j. sf jeu. 9h-12h et 16h-19h • Vélo classique 9 €/j. ; vélo électrique à partir de 29 €/j.

UNE NATURE À DÉFENDRE

De toutes les îles des Baléares, Majorque est celle où la nature est la mieux protégée : elle abrite le plus grand nombre de réserves naturelles, et près de 40 % de son territoire est classé, essentiellement dans la Serra de Tramuntana. Pourtant, face à l'afflux touristique et à la pression immobilière, il reste beaucoup à faire, tant collectivement qu'individuellement.

Des paysages très variés

Malgré sa taille modeste – à peine 3 640 km² –, Majorque recèle une surprenante diversité de paysages. Le sud et l'est, où vivent 75 % des habitants de l'île, présentent des **paysages de carte postale** : douces collines, grandes plages et calas (criques). Revers de la médaille, de **grands complexes hôteliers** y ont poussé dans les années 1960-1970.

L'ouest est traversé sur 90 km par la Serra de Tramuntana, dont le relief escarpé tombe en falaises dans la mer. Grande singularité, ce massif est couvert, depuis l'époque maure, de **terrasses de pierres sèches**, qui permettaient de retenir l'eau. Ce paysage culturel millénaire est inscrit depuis 2011 au **Patrimoine mondial de l'humanité par l'Unesco**.

Sous la mer

Constellés de crevasses, les fonds marins de Majorque sont un vrai paradis aquatique ! On recense plus de 400 espèces de poissons et plus d'une centaine de crustacés. La star est la posidonie *(Posidonia oceanica)*, une algue qui absorbe le dioxyde de carbone et produit de grandes quantités d'oxygène, servant donc de filtre naturel : c'est grâce à elle que les eaux sont si cristallines !

Un riche écosystème

Dans cet éventail de paysages, la végétation méditerranéenne évolue avec l'altitude : garrigue sur les côtes, vergers dans les vallées et forêts dans les hauteurs. En dehors des chèvres sauvages, on trouve quelques **espèces endémiques**, comme le *Podarcis lilfordi*, un lézard aux écailles noires, qui a trouvé son paradis sur Sa Dragonera. Vous apercevrez aussi, dans la Tramuntana, la minuscule grenouille *Alytes muletensis*, qui vient juste de quitter la liste des espèces en voie de disparition. Mais Majorque est surtout **un paradis pour les ornithologues**, avec plus de 300 espèces d'oiseaux, observables surtout dans les marais salants du Sud ou la zone humide du parc de S'Albufera.

De nombreuses menaces

Développements urbanistiques, surconsommation d'eau, surfréquentation : la nature de Majorque est sous le feu croisé des dangers. Le **Grup Balear d'Ornitologia i Defensa de la Naturalesa (GOB)** est aujourd'hui l'un de ses plus ardents défenseurs et lutte en permanence contre le bétonnage intensif des côtes. Son premier coup médiatique remonte à 1977 : des volontaires squattent l'île de Sa Dragonera pour pousser des promoteurs à abandonner leur projet immobilier. En 1991, le GOB permet que l'île de Cabrera soit classée premier parc maritime et terrestre d'Espagne, et fait passer la loi de protection des espaces naturels, protégeant ainsi plus de 30 % des Baléares de toute nouvelle construction.

D'autres organismes soutiennent ces efforts, comme **Dos Manos**, qui organise des opérations de nettoyage des plages, ou **Amics de la Terra**, qui invite les touristes à participer activement à la préservation de la Tramuntana (réparation des murets de pierre, désherbage, etc.).

Mais c'est aussi aux habitants eux-mêmes que Majorque doit sa préservation : en 1989, ils se lancent dans trois années de lutte intensive pour contrer un vaste projet immobilier à Mondragó, et se remobilisent à nouveau dans les années 2010 pour empêcher la transformation de la plage d'Es Trenc en station balnéaire. Ils firent même détruire la totalité des constructions illicites pour redonner à ce bout de la côte sud son caractère sauvage.

LE NORD ET L'EST DE MAJORQUE

Quel contraste avec la Tramuntana ! Exit les routes sinueuses le long des hauts massifs, place à un paysage plus calme, avec des collines verdoyantes, des grottes, des criques et de grandes plages qui feront le bonheur des plaisanciers. Dans le nord, l'histoire de l'île se dévoile dans les ruines romaines d'Alcúdia, les vestiges talayotiques de Son Real et les édifices religieux de la citadelle d'Artà. C'est la partie la plus authentique de l'île, notamment dans les reliefs verdoyants et sauvages du parc naturel du Llevant. Plus à l'est et au sud, on pourra regretter un tourisme parfois excessif, le bétonnage des stations balnéaires et l'implantation de gros complexes hôteliers. Heureusement, cette côte recèle encore des criques sauvages aux eaux transparentes, des grottes de toute beauté, de grandes plages accessibles seulement à pied et des réserves naturelles à l'écart des foules. Bref, vous l'aurez compris, la région regorge de magnifiques découvertes, qui se dévoileront aux visiteurs curieux prêts à sortir des sentiers battus.

La calanque de Caló des Moro

N
MER MÉDITERRANÉE
Pollença
MA 10
Santuari del Puig de Maria
Sa Calobra
T. de Pareis
Cala Tuent
Santuari de Lluc
Port de Sóller
MA 10
Escorca
Coves de Campanet
Fornalutx
Campanet
Cala de Deiá
Biniaraix
Serra de Tramuntana
Caimari
Sa Pobla
Son Marroig
Sóller
Deià
Monestir de Miramar
Jardins d'Alfàbia
Orient
Alaró
Inca
MA 13
Es Canonge
Alaró
MA 2110
MA 13A
Banyalbufar
Valldemossa
Bunyolà
Binissalem
MA 1030
Torre des Verger
Esporles
La Granja
S. Maria del Cami
MA 3240
MA 11
MA 13
Costitx
Estellencs
Sineu 9
5, 6, 7,
1, 2
MA 1040
MA 1110
MA 13
MA 3040
VISITE 6 P. 112
MA 13A
MA 3130
MA 3230
Palma
Calvià
Bellver
AÉROPORT DE PALMA DE MALLORCA
MA 15
Algaida
Portixol
Illetes
Baie de Palma
MA 19A
MA 5030
4
Puig Randa
Portals Nous
Palma Nova
Magaluf
S'Arenal
MA 19
Llucmajor
MA 5020
MA 5040
Portals Vells
MA 19
Campos
Badia Gran
MA 6030
12 Capocorb Vell
Salines d'Es Trenc
S'Estanyol
Cala Pí 11
5
Cap Blanc
Platja d'Es Trenc
MER MÉDITERRANÉE
9 Colònia de Sant Jordi
VISITE 8 P. 138
8 Platja d'Es Caragol

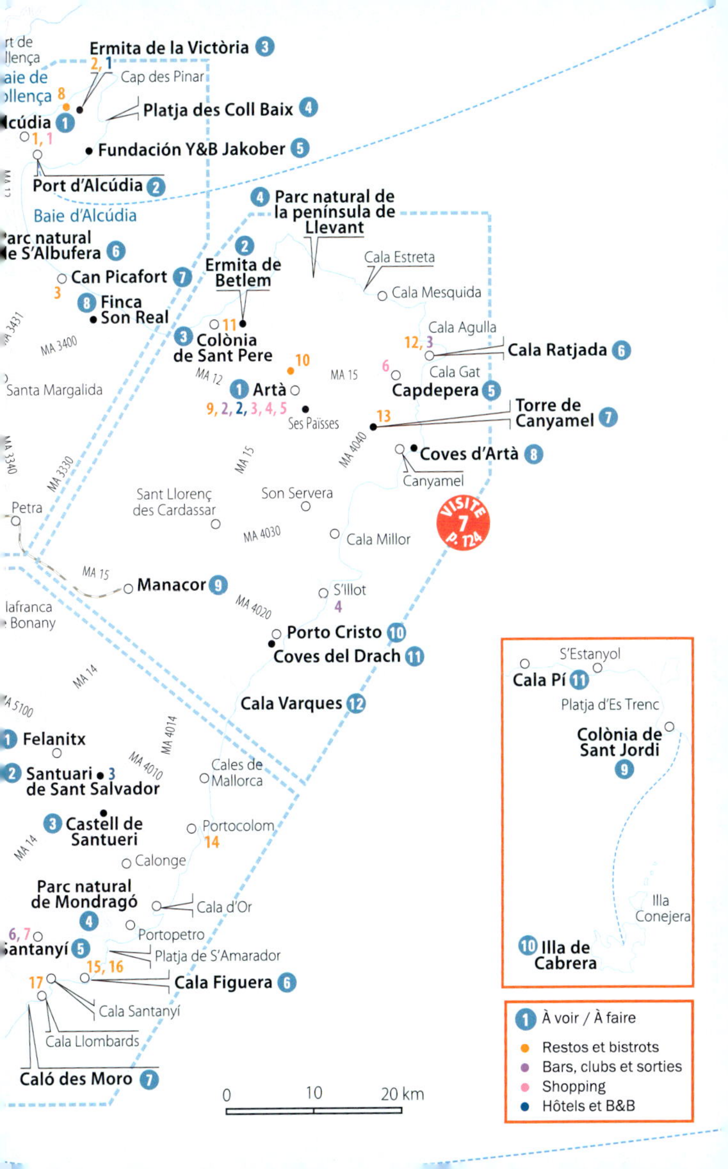

rt de
llença
aie de
ollença
Ermita de la Victòria 3
2, 1
Cap des Pinar
8
Platja des Coll Baix 4
lcúdia 1
1, 1
Fundación Y&B Jakober 5
Port d'Alcúdia 2
Baie d'Alcúdia
arc natural
le S'Albufera 6
4 Parc natural de la península de Llevant
2 Ermita de Betlem
Cala Estreta
Can Picafort 7
3
Cala Mesquida
8 Finca Son Real
11
3 Colònia de Sant Pere
Cala Agulla
12, 3
Cala Ratjada 6
MA 3400
10
MA 12
MA 15
6
Cala Gat
1 Artà
Capdepera 5
Santa Margalida
9, 2, 2, 3, 4, 5
Ses Païsses
13
Torre de Canyamel 7
MA 3340
MA 3330
MA 15
MA 4040
Coves d'Artà 8
Canyamel
Sant Llorenç des Cardassar
Son Servera
Petra
MA 4030
Cala Millor
VISITE 7 P. 124
MA 15
Manacor 9
S'Illot
4
lafranca
Bonany
MA 4020
Porto Cristo 10
Coves del Drach 11
MA 14
Cala Varques 12
A 5100
MA 4014
Felanitx
MA 4010
2 Santuari de Sant Salvador
3
Cales de Mallorca
3 Castell de Santueri
Portocolom
14
MA 14
Calonge
Parc natural de Mondragó 4
Cala d'Or
6, 7
Portopetro
antanyí 5
Platja de S'Amarador
15, 16
17
Cala Figuera 6
Cala Santanyí
Cala Llombards
Caló des Moro 7
0
10
20 km
S'Estanyol
Cala Pí 11
Platja d'Es Trenc
Colònia de Sant Jordi 9
Illa Conejera
10 Illa de Cabrera
1 À voir / À faire
Restos et bistrots
Bars, clubs et sorties
Shopping
Hôtels et B&B

À SAVOIR

Se déplacer

En train

La ligne de train T3 relie Palma à Manacor via Inca et Sineu.

Départ ttes les heures (1h de trajet).

En bus

Le premier chiffre du numéro de la ligne indique la direction : 3 pour le nord, 4 pour l'est et le centre, et 5 pour le sud. La plupart des lignes circulent uniquement en saison. Can Picafort et Manacor sont des nœuds de transit majeurs.

Quelques lignes utiles :
Depuis Can Picafort : le bus n° 390 dessert Inca et Palma ; le bus n° 351 dessert Port d'Alcúdia, Alcúdia, Inca puis Palma ; le bus n° 352 relie Port d'Alcúdia, Alcúdia et Port de Pollença.

Depuis Manacor : le bus n° 411 relie d'un côté Palma, de l'autre Artà, Capdepera et Cala Ratjada ; le bus n° 412 dessert d'un côté Palma, de l'autre Porto Cristo et les Coves del Drach ; le bus n° 425 relie Felanitx et Cala d'Or ; le bus n° 495 relie Colònia de Sant Jordi et Santanyí.

Depuis Palma : les bus n° 490 et n° 491 relient Felanitx et Portocolom ; le bus n° 502 relie Colònia de Sant Jordi et Santanyí ; le bus n° 525 relie Cala Pí.

Autres lignes régulières : le bus n° 441 relie Cala Ratjada, Capdepera, Porto Cristo et les Coves del Drach ; le bus n° 503 relie Santanyí à Cala Figuera.

En saison uniquement : le bus n° 353 relie Can Picafort, Port d'Alcúdia et le phare de Formentor ; le bus n° 354 relie Can Picafort, Port d'Alcúdia, le monastère de Lluc, Sóller et Port de Sóller ; le bus n° 356 dessert le cap des Pinar depuis Alcúdia ; le bus n° 445 relie Port de Pollença, Port d'Alcúdia, Can Picafort, Artà et Porto Cristo ; le bus n° 446 fait le même trajet jusqu'à Artà mais poursuit vers Cala Ratjada ; le bus n° 447 relie Port de Pollença, Port d'Alcúdia, Can Picafort, Manacor, Coves del Drach, Porto Cristo ; le bus n° 472 relie Cala Ratjada, Capdepera et les Coves d'Artà.

Infos sur les horaires et carte du réseau sur : www.tib.org

En voiture

Certains villages sont si petits qu'il est presque impossible de s'y garer. Attention, les ruelles d'Artà sont extrêmement étroites et les GPS veulent parfois vous faire passer

Nos marchés préférés

Artà : mar. ; **Sineu** : mer. (à ne pas manquer !) ; **Campos** : sam., **Alcúdia** et **Felanitx** : dim.

Manifestations

5 janv. : Fête des Rois mages (Artà)
Très belle procession des Rois mages dans les rues, et distribution de cadeaux.

16-17 janv. : Fête de Sant Antoni Abat (Artà)
La fête la plus populaire d'Artà, avec une procession qui suit trois personnages déguisés en démons. Concerts, danses et feux d'artifices.

16 juin : Fête de la Vierge du Carmel (Portocolom et Cala Figuera)
On célèbre la sainte patronne des marins avec de belles processions en mer, sur des bateaux décorés.

dans des rues en sens interdit ! D'une manière générale, garez-vous plutôt à l'entrée de la localité.

La plupart des plages disposent de **parkings payants** (environ 3 €/h ; 20 €/j., en espèces seulement).

À vélo

Contrairement à la Tramuntana, les paysages plus plats se prêtent davantage à des balades en famille. Une piste cyclable de 10 km relie Alcúdia et Can Picafort ; une seconde de 29 km relie Artà et Manacor *(p. 135)*. On peut louer un vélo dans l'ancienne gare d'Artà ou auprès d'Artà Bikes S'Abeurador *(p. 135)*. À Colònia de Sant Jordi, renseignez-vous sur www.teamdoublej.com

Où dormir ?

Artà est l'une des meilleures étapes pour rayonner dans le nord et découvrir la péninsule du Llevant. Évitez plutôt Cala Ratjada et Port Alcúdia, dotées de très belles plages mais souvent sursaturées.

Plus au sud, Portocolom est un charmant port pas encore bétonné – chose rare dans la région –, parfait pour poser ses valises et profiter des plages de l'est.

Infos touristiques

Office de tourisme d'Alcúdia
971 54 90 22 • www.alcudiamallorca.com

Office de tourisme d'Artà
971 82 97 78 • www.artamallorca.travel/fr

Office de tourisme de Felanitx
971 65 97 60 • www.felanitx.org

Office de tourisme de Manacor et de Porto Cristo
662 35 08 82 • www.visitmanacor.com

Astuces

Artà Card
Pour 3 €, cette carte donne accès gratuitement aux musées de la ville (en vente à l'office de tourisme). Le site Internet de l'office de tourisme permet de télécharger gratuitement des audioguides en français (MP3 ou application) pour visiter le centre historique, Colònia de Sant Pere et Ses Païsses.

ALCÚDIA ET LE CAP DES PINAR

6

L'atmosphère est ici beaucoup plus calme et secrète que dans la Tramuntana. On y découvre certains des plus beaux vestiges préhistoriques et romains de l'île. N'oubliez pas vos chaussures de marche, car le verdoyant cap des Pinar, au relief montagneux, est parcouru par de très jolis sentiers de randonnée.

L'hôtel de ville d'Alcúdia

1 Alcúdia✦✦

L'ancienne capitale de l'île est restée l'une des principales villes historiques de Majorque. Les Romains choisirent cette position stratégique entre deux baies pour implanter leur première colonie en 70 av. J.-C., baptisée **Pol·lèntia**. Saccagée par les Vandales au VIe s., elle renaît sous forme d'une grosse ferme sous la domination maure, et prend alors le nom d'Al Qudya, « la colline ». La cité acquerra ses lettres de noblesse au XIIIe s., sous le règne de Jacques II, qui l'agrandit et la fortifie.

Le cœur médiéval✦✦

Alcúdia est toujours cernée d'imposants **remparts**, ponctués de 26 tourelles. Perché à hauteur des toits, on profite d'une vue dégagée sur les arènes centenaires (plus guère utilisées), l'hôtel de ville et, plus loin, sur la campagne et la mer. Les remparts sont percés de **trois anciennes portes** : la Porta del Moll, la Porta de Majorca (les principales) et la Porta Roja (vestige d'un ancien pont), encore de belle allure. Elles donnent accès à un centre ancien où il fait bon se perdre dans les ruelles pavées, bordées de maisons datant du XVIe au XVIIIe s., dont la palette va de l'ocre au sépia. Riche en boutiques et cafés, la ville se révèle très animée, même en dehors des jours de marché.

Ruines romaines de Pol·lèntia*

C'est le plus important **site archéologique romain** de l'île. Il faut dire que la cité de Pol·lèntia s'étendait autrefois sur 16 ha ! On n'en verra pas tant, même si les fouilles continuent : on a seulement mis au jour d'anciennes routes, un quartier résidentiel, un forum et un amphithéâtre, le seul subistant à Majorque, d'autant plus remarquable qu'il fut sculpté directement dans la pierre de la région. Les caveaux creusés dans sa structure révèlent qu'il servit par la suite de nécropole.

À 200 m, le **Museu monogràfic de Pol·lèntia** est un musée archéologique qui présente les artefacts trouvés lors des fouilles (bijoux, statuettes, céramiques) et quelques maquettes laissant imaginer la ville romaine à son heure de gloire aux Ier et IIe s.

Ruines romaines : *av. Prínceps d'Espanya ;* **Musée archéologique :** *C/ de Sant Jaume, 30* • ***Coordonnées et modalités identiques :*** *☏971 54 70 04 • Oct.-mai : mar.-ven. 10h-16h30, sam.-dim. 10h-14h ; juin-sept. : lun.-ven. 9h30-20h30, sam.-dim. 10h-14h • Entrée 4 € (billet combiné site archéologique + musée).*

Les ruines romaines de Pol·lèntia

2 Port d'Alcúdia

Le grand nombre d'hôtels et la merveilleuse bande de sable blanc de la **plage de Muro** (14 km, jusqu'à Can Picafort !) attirent les foules, d'autant plus que bars et restaurants abondent. Pour le côté pittoresque, par contre, on repassera.

C'est d'ici que part le ferry vers Minorque. En quittant la ville, le bateau longe une usine aux cheminées de briques abandonnée, qui servait à l'exploitation du charbon. Il est prévu de la transformer en centre culturel.

3 Ermita de la Victòria✦

Tout commence au XVe s. avec une simple effigie de Marie, abritée dans une chapelle de fortune. Les pirates, nombreux sur ces côtes au XVIe s., tentèrent de la voler encore et encore, en vain : la légende dit que l'icône revint à chaque fois miraculeusement à sa place.

Les habitants nommèrent alors cette œuvre la **Vierge victorieuse**, et elle devint un objet de dévotion. En 1679 fut construit en son honneur l'ermitage actuel, mi-lieu de culte, mi-forteresse. Il est aujourd'hui possible de dormir dans les anciennes cellules des moines. Ambiance à l'ancienne assurée !

L'ermitage, doté d'un grand parking, est aussi le point de départ des plus belles randonnées dans le cap, en particulier vers le Talaia d'Alcúdia *(p. 123)*.

À 6 km E d'Alcúdia : depuis le village de Mal Pas, prendre Cami Vell de la Victòria et continuez le long de la côte ; suivez ensuite les panneaux menant en haut de la colline • L'été slmt.

4 Platja des Coll Baix✦✦✦

Une eau d'un bleu turquoise étourdissant, des galets polis, le murmure des vagues et pas l'ombre d'une construction : cette plage figure incontestablement parmi les plus belles de l'île ! Avec son côté sauvage, on s'y sent comme sur une île déserte.

Coll Baix n'est accessible qu'à pied ou en bateau. Deux options pour l'atteindre : soit se garer à l'ermita de la Victòria et suivre le parcours fléché (1h40 l'aller) ; soit s'en rapprocher en voiture depuis la Fundación Jakober. La piste de terre est assez chaotique, et certaines voitures auront du mal à parvenir au bout. Comptez ensuite 30-40 min de promenade à travers une forêt de pins. Le sentier descend une colline en fin de parcours… mais pas en ligne droite, il faudra longer la côte et escalader quelques rochers (faciles). Les locaux, eux, préfèrent marcher carrément depuis Port d'Alcúdia (7 km, 1h30).

Pause sur la plage : S'illot

Pile sur la plage, avec pleine vue sur le cap de Formentor en face de la baie ! Côté restauration, une bonne sélection de tapas, de viandes et de poissons grillés, mais on peut aussi tout simplement s'attabler en terrasse pour une sangria maison ou un verre de jus d'orange fraîchement pressé. *So romantic* en fin de journée, quand les torches sont allumées !

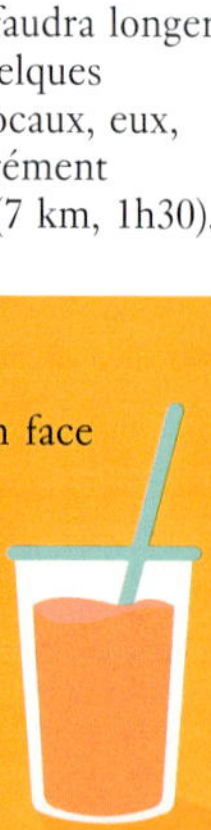

8 Punta Llarga, côte nord du cap des Pinar • ☎ 971 55 71 37 • www.cancalcohotels.com/restaurante-sillot.php • Mai-oct. : t.l.j. 11h-23h • Tapas 6-15€ ; plats 15-20€.

Platja des Coll Baix

5 Fundación Yannick y Ben Jakober**

C'est à l'extérieur de la ville, en bordure d'une pinède, que les artistes Yannick et Ben Jakober ont ouvert leur **fondation d'art contemporain**, dans une belle bâtisse blanche au toit crénelé d'inspiration marocaine, également connue sous le nom de **Sa Bassa Blanca Museu**.

Les collections sont présentées dans deux galeries. Dans la première, les sculptures semblent posées au hasard. La seconde, dans l'ancienne citerne, aligne 150 portraits d'enfants nobles, réalisés entre le XVIe et le XIXe s. Ces tableaux, échangés entre les grandes familles, servaient à arranger les mariages dès le plus jeune âge des héritiers.

Prenez le temps de flâner dans les **jardins**, dotés d'une magnifique roseraie. Au fil des sentiers se dévoile un zoo imaginaire, peuplé de sculptures aux formes rondes.

Camí del Coll Baix, Es Mal Pas • 900 77 70 01 • www.msbb.org • mar.-sam. 10h-18h (fermé 13h-14h et fermé à partir de 17h30, mais jardins accessibles), dim. 10h-15h • Entrée 10 € (gratuit mar.) • Petit café sur place.

6 Parc natural de S'Albufera**

Quel paradis pour les amoureux des oiseaux ! Cette réserve marécageuse constitue une étape de choix pour les espèces migratrices : on en répertorie ici plus de 230, dont 80 % endémiques des Baléares !

Les Romains et les Maures appréciaient déjà cette zone poissonneuse et giboyeuse, où ils venaient chasser et pêcher. Au XIXe s., une restructuration s'imposa : ces 1 700 ha de marais – les plus étendus de l'archipel – débordaient l'hiver, apportant leur lot d'épidémies de malaria. La construction d'un canal central permit de drainer l'eau des lagunes vers la mer et d'assainir l'environnement.

La réserve naturelle est aujourd'hui parcourue par quatre itinéraires (de 30 min à 3h30), dont deux accessibles à vélo. On flâne d'une cache d'observation à l'autre, en essayant de débusquer les oiseaux. Essayez aussi de repérer les orchidées sauvages, nombreuses au printemps, et l'une des 200 variétés de champignons. Prévoyez eau, chapeau et crème solaire : il n'y a pas d'ombre.

Visitor Center : Ma-12, km 26,3, à Muro • ☏971 89 22 50 • Avr.-sept. 9h-18h, oct.-mars 9h-17h • Parking en face de l'hôtel Grupotel (indiqué), puis marchez jusqu'au canal qui marque l'entrée officielle du parc • Accès gratuit mais permis obligatoire, à demander au Visitor Center • Les bus réguliers peuvent vous déposer au parking sur demande.

De mystérieux obélisques

Vous croiserez le long de la côte de curieux obélisques à la pointe peinte en rouge. Ils vont toujours par deux – le premier face à la Méditerranée, le second en retrait de 2 km – et chaque lot est espacé précisément de 1,24 km. Simple décoration ? Pas du tout. Ils servaient de repère aux sous-marins pour mesurer les distances durant la guerre civile espagnole et la Seconde Guerre mondiale... Les plus faciles à trouver sont à Can Picafort même, passeig de l'Enginyer Antoni Garau.

Dans le parc naturel de S'Albufera

7 Can Picafort

Appréciée, surtout, pour ses 3 km de plage, la ville s'étire au bord de l'eau, offrant un mélange agréable de petites boutiques et de restaurants. Attardez-vous sur le front de mer, doté de sculptures de Joan Bennàssar (originaire de Pollença). Ses personnages aux formes rondes apparaissent et disparaissent au fil des marées.

8 Finca pública Son Real✦

Au sud de Can Picafort, le terrain de cette **ancienne ferme** est devenu un **domaine public protégé** de 400 ha, composé d'une pinède, de champs et de dunes s'étendant jusqu'à la mer.

Sineu

Les familles viennent y faire du vélo ou profiter de la plage. L'intérêt principal du site est une magnifique **nécropole talayotique**, au bord de l'eau, accessible en une petite heure de marche *(p. 122)*.

Ma-12, km 18 • Visitor Center : ouv. t.l.j. 10h-17h • Minimusée (3 €) sur les traditions majorquines.

9 Sineu✦✦

Comme il fait bon se promener dans ce gros bourg, avec ses petites places et ses maisons aux façades ocre ! Complètement à l'écart des routes touristiques classiques et encore assez méconnu, il est le cœur géographique de l'île et était considéré au XVIe s. comme la capitale de la campagne majorquine.

Sineu se signale de loin grâce aux élégantes silhouettes de son église Santa Maria et de ses moulins à vent. Venez si possible le mercredi, **jour de marché** : c'est le plus ancien de l'île, et l'un des plus célèbres et des plus animés ! La moindre petite place est alors prise d'assaut par les vendeurs ambulants, et l'ambiance est vibrante.

Au cours de vos déambulations dans les ruelles, vous passerez forcément devant le **convento de la Conceptió**, occupé depuis le XVIe s. par les sœurs de l'Immaculée Conception. L'ordre y habite toujours, entretenant un seul lien avec l'extérieur : la vente de biscuits traditionnels à travers un passe-plat !

Restos | Bars | Hôtels | Shopping | Activités

Restos Bistrots

Ca'n Costa

Cuisine traditionnelle 1

Osez franchir le portail de cette maison majorquine du XVIe s. pour profiter d'une cour intérieure fraîche et lumineuse. Au menu, rien que des plats traditionnels, dont le fameux *suquet* (ragoût de poisson) et la morue à la *sobrasada*.

C/ San Vicenç, 14, Alcúdia • ☎971 54 53 94 • www.cancostaalcudia.com • Mar.-dim. 12h30-15h et 18h-23h • Plats 12-20€.

Mirador de la Victòria

Panoramique 2

Dominant la magnifique baie de Pollença, non loin de l'ermita de la Victòria, cet excellent restaurant concocte de délicieuses paellas à partager et différents riz (noir à l'encre de seiche, aux fruits de mer, brut…) dont la réputation n'est plus à faire ! En été, on s'attable sur une terrasse où l'on pourrait passer des heures face à la vue, tandis qu'à l'automne et au printemps, un feu de cheminée nous attend à l'intérieur.

Cami Vell de la Victòria, sur la route vers l'extrémité du cap des Pinar • ☎971 54 71 73 • www.miradordelavictoria.com • Mi-fév.-mi-nov. : mar.-dim. midi et soir.

Can Gavella

Chiringuito déco 3

Idéal pour prendre un verre au coucher du soleil, ce *chiringuito* décoré de paniers et meublé de canapés bleu et blanc a les pieds dans l'eau ! Son décor et sa vue sur la magnifique baie d'Alcúdia sont à la hauteur de la carte, qui fait la part belle aux poissons à la plancha. N'oubliez pas de goûter aux raviolis fourrés au foie sauce champignon. Un délice !

Casetes des Capellans, Platja de Muro, 174, Can Picafort • ☎682 15 12 59 • www.cangavella.com • En été : t.l.j. 11h-22h • Plats 9-21€.

Can Gavella

Brut

Branché 4

À l'écart des routes touristiques, dans une petite ville de la campagne majorquine, Brut propose une expérience gustative hors normes, qui ne manque pas de piquant ! Plus qu'un restaurant, c'est un véritable show culinaire autour d'un comptoir en béton, dans un hangar. Aux manettes, deux ex-directeurs d'agence de pub, qui font défiler une dizaine de mini-plats particulièrement délicieux, dont ils nous livrent les secrets.

C/ la Carretera 37, Llubi • ☎971 18 82 31 • www.brutrestaurante.com • Jeu.-sam. 19h-23h, dim. 12h-17h • Menus 60-100 €.

Vi'ès

Cuisine créative 5

Un peu à l'écart de la vieille ville de Sineu, l'ancienne gare est devenue un gastrobar assez couru. Un esprit galerie d'art et une cuisine créative et innovante, toujours teintée de saveurs majorquines, font le reste.

C/ de l'Estació, 2, Sineu • ☎971 52 10 34 ou 607 45 91 31 • Mer.-dim. : soir • Menu 30 €.

Mater

Restaurant solidaire 6

Un ancien hospice transformé en restaurant déco, avec de grandes tables en bois blond et des ampoules tombant du plafond. Ce cadre accueillant s'accompagne d'un service

Mater

remarquable et d'une cuisine maison délicieuse, grâce à toute l'équipe de personnes handicapées présente en salle et aux fourneaux. Un engagement solidaire doublé d'une grande réussite.

C/ de Ponent, 1, Sineu • ☎971 76 00 10 • www.orgmater.org • Lun.-ven. 9h30-13h30 • Plat du jour 8 €.

Celler Son Toreó

Authentique 7

C'est le plus vieux restaurant de Sineu. Ici, tout est authentique, depuis les barriques empilées jusqu'aux recettes de cuisine ! Les viandes cuites au feu de bois sont à l'honneur : côtelettes d'agneaux, filets mignons, etc.

C/ Son Torelló, 1, Sineu • 971 52 01 38 • Mar.-dim. midi et soir • Plats 8-16 €.

VOIR AUSSI P. 114 :

S'illot 8

Bars, clubs Sorties

Cervesa Món

Brasserie artisanale 1

Alfonso est à la tête de cette agréable brasserie artisanale qui produit trois bières phares, avec du houblon de qualité. Le soir, les habitués se retrouvent autour d'une chope, et écoutent parfois des groupes musicaux qui peuvent s'inviter jusque tard dans la nuit.

Plaça Es Fossar, 20, Sineu • 676 96 98 94 • http://cervesamon.es/ • Mar.-dim. 12h-17h et 19h jusque tard • Concerts jeu. à partir de 19h • Bières 2-3 €.

Hôtels B&B

Hotel Ermita de la Victòria

Monastère historique 1

Ce petit hôtel se trouve à la croisée des chemins de randonnée du cap des Pinar – parfait pour partir à la découverte de cette péninsule sauvage. Simples et joliment décorées, les chambres sont une invitation à la détente.

C/ Cap de Pinar, 6 • 971 54 99 12 • www.lavictoriahotel.com • Fermé en janv. • Double env. 70 €.

Shopping Cadeaux

Flor de sal d'Es Trenc

Sel de mer 1

Ramassé à la main et aromatisé, le sel récolté dans les salines au sud de l'île est l'une des grandes fiertés de Majorque ! Flor de sal d'Es Trenc, qui les gère *(p. 143)*, possède plusieurs succursales où l'on peut acheter des déclinaisons surprenantes : à la rose, à l'huile d'olive, à l'orange, aux piments…

C/ Major, 30, Alcúdia • 971 54 71 23 • www.flordesaldestrenc.com • Lun.-sam. 10h-14h et 18h-20h • Flacon à partir de 10 €.

Pla

Chaussures 2

Pour soutenir des projets solidaires au Guatemala et au Bangladesh, Irène, une ancienne designer de la marque majorquine Camper, a choisi de créer des chaussures et des chaussons en fibres naturelles. Elle vient d'ajouter à sa collection de jolies chemises amples et des robes simplissimes très tendance.

Carretera Santa Margalida, 1, Sineu • 609 12 60 55 • www.pla.org.es • Lun.-sam. 10h-14h • Chaussures à partir de 90 €.

Balade en llaut traditionnel

Activités Détente

Rancho Grande

Balades à cheval

Ce grand domaine de 150 ha, à côté de Son Real, dispose de plus de 100 chevaux : voilà de quoi satisfaire tous les goûts et tous les niveaux ! Été comme hiver, la famille Martorell propose des balades de 3h sur la plage, des excursions ponctuées d'un barbecue, des promenades à dos de poney… Et même si vous n'êtes pas très à l'aise sur le dos d'un animal, le ranch propose un sympathique restaurant et permettra aux enfants de revivre la vie de cow-boys le temps d'une journée.

C/ Alcúdia-Artà, km 13,7, Son Serra de Marina • 971 85 41 21
- *www.ranchograndemallorca.com*
- *Balade à cheval 2h : 50€/pers.*

Mallorca llauts

Sortie en bateau de pêche

Icône des îles Baléares, le llaut est un petit bateau de pêche en bois disposant de deux voiles blanches, qu'on voit fréquemment filer tout près des côtes. Pour monter à bord de cette frêle embarcation, rendez-vous à 9h ou à 13h dans la marina Bonaire, à Alcúdia, pour quatre heures de croisière en direction du cap de Formentor. Baignades incluses !

www.mallorcallauts.com

BALADE VERS LA NÉCROPOLE DE SON REAL

La petite réserve naturelle de Son Real est surtout le prétexte à une promenade familiale enchanteresse : après une agréable marche dans la nature, on découvre un site talayotique blotti en bord de mer, avant d'aller piquer une tête depuis une plage absolument déserte. Un vrai paradis !

INFORMATIONS PRATIQUES

- Départ et arrivée : Finca pública Son Real *(p. 116)*.
- Distance et durée : 2 km A/R (45 min).
- Difficulté : très facile.

Promenade dans la réserve

Depuis 2004, le gouvernement protège un paysage exceptionnel de 400 ha coincé en bord de mer, entre Can Picafort et Son Serra de Marina. Depuis le parking de la finca, un sentier parfaitement entretenu rejoint en une petite heure le bord de mer, dans un paysage ocre composé de pâturages où paissent des troupeaux de moutons, de champs de figuiers, d'amandiers et de caroubiers.

Un trésor face à la mer

Au bout du chemin, à côté des plages désertes, on découvre une magnifique nécropole talayotique en pierre, remontant au VIIe s. av. J.-C. Elle comprend 110 tombes, protégées par des tourelles rondes percées d'une entrée. Aventurez-vous sur les pans rocheux au-delà de ces constructions : d'autres sépultures se laissent lentement éroder par les vagues.

L'îlot dels Porros, à 100 m du rivage, était autrefois relié à la terre ferme. Il compte également quelques chambres funéraires. Vous pourrez l'atteindre assez facilement à la nage.

L'ASCENSION DU TALAIA D'ALCÚDIA

Cette randonnée facile vous emmène jusqu'au sommet du Talaia, le pic le plus élevé du cap des Pinar, à 445 m d'altitude. Privilégiez une marche en fin d'après-midi : il fait plus frais et vous pourrez profiter des couleurs du crépuscule au retour. Sans compter que vous aurez certainement le coin pour vous tout seul, accompagné seulement des oiseaux et des chèvres !

INFORMATIONS PRATIQUES

- Départ et arrivée : Ermita de la Victòria, à 6 km à l'est d'Alcúdia. Grand parking.
- Distance et durée : 6 km A/R (2h).
- Dénivelé : 280 m.
- Difficulté : facile ; il suffit de suivre les panneaux de bois.
- Conseil : emportez de l'eau et partez en fin d'après-midi.
- Cartes et infos sur www.wikiloc.com/hiking-trails/talaia-de-alcudia-35931487

Une montée douce

Laissez votre voiture au parking de l'Ermita de la Victòria. Le sentier commence par monter doucement à travers les pins. On passe un premier point de vue, **Ses Tres Creus** (les Trois Croix), qui s'ouvre sur la baie d'Alcúdia. Peu à peu, on gagne en altitude, accompagné du chant des oiseaux. Pas moins de 200 espèces vivent ici : faucons, becs-croisés, palombes, rossignols, roitelets, hirondelles…

À flanc de montagne

Au bout de 20 min apparaît sur votre droite **Sa Font Viva**, un petit bassin qui sert de réserve en cas d'incendie. Les pins disparaissent peu à peu, remplacés par un mélange d'oliviers et de càrritx, une plante sauvage dont les plumets montent jusqu'à 2 ou 3 m. Le sentier devient plus étroit, plus rocailleux. La végétation se fait plus rase. Il y a toujours quelques chèvres, sautant d'un rocher à l'autre ou dévalant les pentes. À chaque tournant se dévoile un nouveau pan du panorama : la vue porte jusqu'au cap de Formentor, reconnaissable à son phare lançant des rais de lumière

Le panorama au sommet

On atteint enfin le sommet, où se dresse une **ancienne tour d'observation**, aujourd'hui en ruine. Elle servait à alerter la population en cas d'attaque des pirates : d'abord par un système de nuages de fumée puis à l'aide de drapeaux de couleurs. Il faut dire que l'emplacement est stratégique : le regard embrasse en quelques secondes la baie d'Alcúdia et celle de Pollença. Il ne vous reste plus qu'à retourner sur vos pas jusqu'à l'ermitage. ■

LA PRESQU'ÎLE DU LLEVANT

7

Au nord de la superbe cité d'Artà, cette presqu'île couverte de massifs calcaires et de champs a tout d'un petit paradis préservé, avec des grottes discrètes, des plages isolées, des sentiers perdus où on croise quelques chèvres sauvages... Changement d'ambiance à partir de Cala Ratjada, où commence une jolie côte bien plus touristique.

L'església de la Transfiguració à Artà

1 Artà⁺⁺

Vue depuis la campagne, Artà semble tout droit sortie d'un livre de contes, avec sa silhouette pyramidale où s'accrochent de petites maisons et des terrasses agricoles. En faisant abstraction de ses boutiques d'artisanat et de ses petits cafés, on pourrait aisément s'imaginer au Moyen Âge ! N'hésitez pas à y passer une journée entière.

Remarquez l'**església de la Transfiguració del Senyor**, qui affiche un mélange de styles éclectique, car sa construction s'est étalée durant quatre siècles (XVIe-XIXe s.). De cette église part un **chemin de croix** de 180 marches, joliment ombragé de cyprès, qui mène au **santuari de Sant Salvador**, une ancienne mosquée érigée au sommet de la ville et transformée en sanctuaire chrétien par Jacques Ier. Au XIVe s. lui ont été ajoutés des murs fortifiés, des mâchicoulis et des tourelles d'observation : un véritable air de forteresse ! Incendiée puis reconstruite en 1832, l'église actuelle ne présente plus grand intérêt, et on s'y rend surtout pour profiter de la vue grandiose sur les vallons de la région.

ArtArtà

Sorcières, géants et animaux fantastiques emplissent le 1er étage de cette demeure majorquine. Ce sont les œuvres de Pere Pujol (1934-2001), un artiste natif d'Artà fasciné par les *rondalles*, les légendes folkloriques majorquines, ici mises en scène à l'aide de personnages faits d'argile, de résine et de papier mâché.

C/ Antoni Blanes, 19 • ☏971 83 59 39 • www.artarta.es • Lun.-ven. 10h-21h, sam. 10h-16h • Entrée 4 €.

Village talayotique de Ses Païsses*

Un bien agréable voyage dans le temps vous attend à la sortie d'Artà. Dans un écrin de verdure bucolique composé de caroubiers et de chênes, on découvre le **village talayotique le plus étendu et le mieux préservé** de Majorque. Les ruines recèlent une tour de guet remontant à 1100 av. J.-C., un mur d'enceinte percé d'un imposant portail monolithique et de nombreuses habitations, souvent creusées sur plusieurs niveaux, comme le montrent clairement leurs fondations.

Camí de sa Corballa (à 900 m du centre-ville, parcours fléché depuis l'ancienne gare) • ☏619 07 00 10 • Lun.-ven. 10h-17h, sam. 10h-14h • Entrée 2 €.

2 Ermita de Betlem

Une longue allée de cyprès, de beaux vergers d'oliviers, quelques fontaines… On comprend aisément pourquoi cet ermitage continue à accueillir les âmes en quête de

La colline d'Artà

paix intérieure. Le domaine est accessible à tous et la randonnée vers la chapelle, très prisée. La pente pour l'atteindre est assez raide mais, promis, la vue au sommet est inégalable !

T.l.j. • Accès libre.

3 Colònia de Sant Pere

Ce village de pêcheurs, plutôt moderne et résidentiel, vaut un détour rapide pour déjeuner : les restaurants en bord de mer utilisent en effet encore des viviers en pierre, à quelques mètres de leur terrasse, où les poissons sont conservés jusqu'à la préparation des repas. Directement de la Méditerranée à l'assiette, on ne peut pas faire plus frais !

4 Parc natural de la península de Llevant⁺⁺

Comment ne pas être séduit par les paysages verdoyants de ce parc naturel de 21 500 ha, dont les vallons ondulent jusqu'à la mer ? Il faudra prévoir plus d'une journée pour explorer ses 13 sentiers de randonnée, l'idéal étant d'en combiner plusieurs. Notre itinéraire préféré ? Celui qui allie les sentiers nº 1, nº 4 et nº 3 *(p. 136)*.

Attention : n'oubliez pas de prévoir de l'eau et un pique-nique, car le parc ne dispose d'aucun point de restauration.

Paysage du Parc natural de la península de Llevant

Par la Ma-3333 vers l'Ermita de Betlem, puis par une route fléchée sur la dr. un peu avant l'ermitage • ☎ 606 09 68 30 • http://parcnaturaldellevant.blogspot.com

5 Capdepera

Lassé de voir les pirates piller la région, Jacques Iᵉʳ fit construire des fortifications et un château pour protéger ce minuscule village aux ruelles charmantes. Planté sur les hauteurs de la ville, le **château** a toujours belle allure, même s'il n'en subsiste aujourd'hui que les remparts, une petite église et la maison du gouverneur, le tout ponctué de palmiers et de cactus. On s'attardera surtout sur le chemin de ronde pour profiter de

LE TOP DES ESPACES NATURELS

Majorque n'a pas lésiné sur les moyens pour préserver sa nature *(voir aussi p. 104)*. Des îles, des calas, des collines, de hauts massifs et des marécages : les parcs et réserves de l'île sont des destinations rêvées pour une agréable journée de randonnée sous un ciel radieux. N'oubliez pas vos chapeaux !

Parc natural de Sa Dragonera

Une île qui fera le bonheur des amateurs de faune sauvage.

Voir p. 64 • Valldemossa et la pointe ouest.

Parc natural de S'Albufera

Cette immense zone humide accueille 230 espèces d'oiseaux.

Voir p. 115 • Alcúdia et le cap des Pinar.

Parc natural de la península de Llevant

Des collines calcaires sauvages où alternent garrigue et pinèdes. Les vues sur les crêtes rocheuses se détachant sur la mer sont sublimes.

Voir p. 126 et 136 • La presqu'île du Llevant.

Parc natural de Mondragó

C'est le plus fréquenté des parcs naturels de Majorque, notamment pour ses criques paradisiaques.

Voir p. 139 • Autour du cap de Ses Salines.

Parc nacional de Cabrera

Le seul parc national des Baléares abrite une faune et une flore endémiques exceptionnels.

Voir p. 143 • Autour du cap de Ses Salines.

Le littoral de la péninsule du Llevant

la vue, puis à la tour de Nunis, seul vestige de l'occupation musulmane.

Castell de Capdepera : *☏971 81 87 46 • www.castellcapdepera.com • t.l.j. 10h-19h (oct.-mars 17h) • Entrée 3 €.*

6 Cala Ratjada**

Avec le temps, cet ancien petit port de pêche s'est mué en agréable station balnéaire. Dommage que l'atmosphère y soit plus germanique que majorquine : les *ensaïmades* s'achètent ici en *bäckerei* (boulangerie) et les menus vous seront souvent tendus d'office en allemand…

Heureusement, le charme fonctionne malgré tout, notamment grâce à ses merveilleuses plages de sable fin bordées de dunes et de pinèdes. La paradisiaque **Cala Gat**, à l'est, et la **Cala Agulla** *(parking 5 €)*, au nord, sont souvent pleines car proches du centre-ville, mais la **Cala Mesquida** *(à 8 km N)* est moins fréquentée l'été. Toutes trois proposent location de parasols et de bateaux à pédales, sans compter les incontournables *beach bars.*

Sa Torre Cegua

La famille March *(p. 28)* fit construire au début du XXe s. cette villa de style moderniste. Les jardins se visitent sur rendez-vous : l'occasion d'y admirer une soixantaine de sculptures, dont quelques pièces rares d'Henry Moore et d'Auguste Rodin.

C/ Joan March, 2 • ☏971 71 11 22 • www.fundacionbmarch.es • Vis. guidée sur résa seulement 4,50 €.

Cala Gat à Cala Ratjada

7 Torre de Canyamel

Cette imposante tour de grès en forme de cube, ornée de mâchicoulis et perdue dans la campagne, a de quoi surprendre. Bâtie en 1237, elle permettait aux habitants de se cacher des pirates. Elle abrite aujourd'hui un petit musée présentant la région et quelques expositions d'artistes. Des concerts classiques ou de jazz y sont donnés en été. Ne manquez pas d'y grimper, car le sommet réserve une très belle vue panoramique.

Ma-4042 (Artá-Canyamel), km 5,5 • ☎ 971 84 11 34 • www.torredecanyamel.com

8 Coves d'Artà⁺⁺

Concurrencées par leurs cousines, les Coves del Drach *(p. 130)*, ces grottes naturelles n'en sont pas moins fréquentées : les groupes comptent jusqu'à 120 personnes en été. L'enfilade de galeries souterraines dévoile une féerie de rideaux de calcaire, larmiers, drapeaux, stalactites et stalagmites gigantesques. Certains scintillent comme des diamants ! Pas étonnant, donc, que Jules Verne y ait trouvé une source d'inspiration pour *Voyage au centre de la terre* ! La sortie se fait par une arche gigantesque de 100 m de large sur 25 m de haut, encadrant soudain le bleu de la mer. Époustouflant !

Carretera de las Cuevas ; par le bus 472 ou par bateau depuis Cala Ratjada (15 €) • ☎ 971 84 12 93 • https://cuevasdearta.com • T.l.j. 10h-18h (juil.-sept. : 19h ; nov.-mars : 17h) • Entrée 15 € • Vis. toutes les 30 min (durée 40 min) • Grand parking gratuit.

Le plus célèbre des Majorquins

Très attaché à Manacor, sa ville natale, Rafael Nadal passe régulièrement en voisin à son académie de tennis inaugurée en 2016. Il y rencontre les jeunes espoirs et s'occupe de sa fondation dédiée à la réinsertion d'enfants en difficultés à travers le sport. Avec un peu de chance, vous le croiserez ! « Rafa », comme on le surnomme ici, a même un étonnant musée interactif à sa gloire, le Rafa Nadal Museum Xperience, où vous pourrez vous prendre pour un pro grâce aux nombreux simulateurs et casques virtuels.

C/ Cales de Mallorca, km 1,2, Manacor • www.rafanadalacademy.com/fr/museum-xperience • T.l.j. 10h-18h30.

9 Manacor

Sans grand charme, la deuxième plus grande ville de Majorque se traverse plutôt qu'elle ne se visite. À moins d'y venir en pèlerinage tennistique : Manacor est en effet le lieu de naissance de Rafael Nadal, l'un des plus grands joueurs de l'histoire du tennis.

Perlas Majorica⁺

En 1902, l'entrepreneur allemand Eduard Heusch dépose un brevet de fabrication de perles artificielles si parfaites qu'il est difficile de les différencier des naturelles… Connue dans le monde entier, l'usine propose de découvrir les étapes du procédé, dont l'ajout des couleurs, assez fascinant… Boutique d'usine en fin de parcours.

Via Palma, 9 • ✆971 55 09 00 • Vis. lun.-ven. 9h-20h, sam.-dim. 9h30-13h. Entrée gratuite.

10 Porto Cristo✦

En 1260, les survivants italiens d'un naufrage laissèrent aux habitants leurs icônes religieuses en remerciement de leur aide. Les lieux furent alors surnommés Porto Cristo, ou port du Christ. L'abondance de commerces en fait aujourd'hui un passage obligatoire pour les voyageurs venus découvrir les Coves del Drach. Promenez-vous au nord de la marina : les anciens quartiers de pêcheurs ont gardé leur patine d'autrefois…

Les coves del Drach

11 Coves del Drach✦✦✦

Il faut braver l'entrée aseptisée, les boutiques de souvenirs et la longue file d'attente pour découvrir enfin le plus fantastique univers souterrain de Majorque ! Dans les quatre salles de ces « grottes du Dragon », les stalactites, les stalagmites et les bains de Diane, magnifiquement illuminés, semblent sortis d'un rêve féérique. En fin de parcours, on assiste à un concert donné sur une barque glissant sur le lac souterrain, l'un des plus grands au monde. Les chaloupes transportent ensuite les visiteurs jusqu'à la sortie, offrant un autre spectacle : celui du reflet des formations rocheuses dans l'eau. Vraiment magique !

Carretera de les Coves, Porto Cristo • ✆971 82 07 53 • www.cuevasdeldrach.com • Mi-mars-oct. : vis. t.l.j. à 10h, 11h, 12h, 14h, 15h, 16h et 17h ; nov.-mi-mars : à 10h45, 12h, 14h et 15h30 • Entrée 15 € ; parking gratuit.

12 Cala Varques✦

Sable blanc, eau turquoise, forêt de pins : la formule magique ! Il n'est pas rare de voir quelques aventuriers escalader les parois de cette calanque à mains nues… Plus loin, la côte rocheuse est percée de grottes sous-marines, en particulier la **Cova des Coloms** *(p. 134)*, à explorer avec un club de plongée.

À 8 km S de Porto Cristo ; le début du chemin se trouve 100 m avant le croisement des MA-4014 et MA-4015, au niveau d'une ferme. Puis 30 min de marche à travers une belle végétation • En été, un bar de plage s'installe certains jours, mais mieux vaut prévoir son propre pique-nique.

Restos Bistrots

Forn Nou

Cuisine créative 9

Il faut grimper sur les hauteurs d'Artà pour découvrir ce bistrot à la carte généreuse, pleine de spécialités locales revisitées : canard au vin et purée maison, tarte aux amandes… Un délice ! Quand l'heure du vermouth sonne, un air de jazz envahit les lieux, qui se remplissent d'habitués.

C/ Centre, 7, Artà • ☎ 971 82 92 46 • www.fornnou-arta.com • Mar.-dim. • Plats 10 €.

Sa Tafona de Son Fang

Cuisine au feu de bois 10

Quel cadre ! Dans un pressoir à huile du XVIIIe s. perdu en pleine campagne, on déguste des produits du terroir grillés qui ne manquent pas de caractère : agneau, cailles, poissons… Une demi-portion est souvent largement suffisante !

Carretera Ma-3333 (Artà-Ermita de Betlem), km 1,5 • ☎ 971 82 95 91 • Jeu.-mar. 12h-16h et 19h-23h • Plats 16-20 €.

Es Vivers

Cuisine italienne 11

Que diriez-vous d'une pizza en écoutant le bruit des vagues ? Le long de la digue, ce restaurant italien tire son épingle du jeu avec ses pâtes *al dente* et ses pizzas bien garnies.

Paseo Marítimo, Colònia de Sant Pere • ☎ 971 58 94 78 • www.esvivers.com • Mars-sept. : t.l.j. sauf mar. 11h30-23h.

Es Coll d'Os

Cuisine traditionnelle 12

Sur les hauteurs, la *masia* en pierre de Consuelo, Juan et leurs fils est un havre de paix. Les habitués viennent ici pour profiter de l'ambiance familiale et goûter à une cuisine authentique, mitonnée avec les produits du jardin potager. L'été, les tables sont installées dans le jardin, sous la treille.

C/ Verge de l'Esperança, 5, Cala Ratjada • ☎ 971 56 48 55 • www.escolldos.com • Mars-oct. : lun.-sam. 19h-21h • Menu 39 €.

Porxada de Sa Torre

Cuisine traditionnelle 13

Au pied de la tour médiévale de Canyamel, ce lieu ressemble plus à un espace d'art contemporain qu'à un restaurant traditionnel. Et pourtant, c'est dans ce cadre enchanteur que l'on déguste un délicieux cochon de lait rôti à la broche. Il vient directement de la ferme des propriétaires, comme tous les autres produits de la carte.

Carretera Artà-Canyamel, km 5, Capdepera • ☎ 971 84 13 10 • www.torredecanyamel.com • Jeu.-sam. 13h-15h30 et 19h-23h, dim. 13h-15h30.

Café Noah's Lounge

Bars, clubs Sorties

Café parisien

Patio caché 2

Même si ses propriétaires ne sont pas français, une atmosphère un brin parisienne et légèrement bobo plane dans ce bel endroit doté d'une terrasse ombragée. Attiré par la galerie d'art, on vient surtout à l'heure de l'apéro, mais on peut aussi faire durer le plaisir et s'attabler autour de délicieux petits plats maison servi avec beaucoup de gentillesse.

C/ de Ciutat, 18, Artà • 971 83 54 40 • Facebook : cafeparisien • Mars-oct. : lun.-sam. 10h-23h, dim. 17h-23h • Cocktails 10 € ; plats 12 €.

Café Noah's Lounge

Terrasse sur la mer 3

Incontestablement le meilleur spot de Cala Ratjada pour siroter un cocktail ! Qu'il est doux de s'installer en terrasse pour observer les dernières lueurs du jour face au phare de ce petit port de pêche… Et si la faim vous tenaille, goûtez aux savoureux hamburgers maison !

Av. d'Amèrica, 1, Cala Ratjada • 971 81 81 25 • www.cafenoahs.com • T.l.j. 9h-17h (jusqu'au coucher du soleil en été) • Cocktails 8-10 € ; burgers 15 €.

Sky Bar – Hôtel Mim

Rooftop 4

Élégant avec ses espaces lumineux teintés de blanc et de bleu turquoise, cet hôtel appartenant au célèbre joueur de foot Lionel Messi est une bulle de détente avec son Spa et sa terrasse au dernier étage. Au coucher du soleil, la terrasse se transforme en bar à cocktails avec DJ et tapas en pagaille.

C/ Gregal, 22, S'Illot (6 km N-E de Porto Cristo) • ✆971 81 22 55 • www.mimhotels.com • Ouv. t.l.j. • Cocktails à partir de 10 €.

Hôtels B&B

Ca Sa Padrina Petit Hotel

Hôtel de charme 2

Au centre d'Artà, les chambres lumineuses reprennent deux traditions majorquines : les murs blancs et la toile traditionnelle aux couleurs vives. Le bassin de nage en fera rêver plus d'un !

C/ Es Convent, 5, Artà • ✆616 41 08 20 • casapadrinapetithotel.com • À partir de 90 €.

Shopping Cadeaux

Licors Moyà

Apéritifs typiques 3

Des bouteilles de liqueur, il y en a ici du sol au plafond depuis 1890 ! Moyà a même gardé ses étiquettes vintage pour les décoctions de plantes et autres digestifs typiques qu'il fabrique toujours dans l'usine d'à côté. Également une étonnante collection d'alcools locaux.

C/ 31 de Març, 11, Artà • ✆971 83 60 38 • www.moya.es • lun.-ven. 10h-14h et 16h-19h, sam. 10h-14h • Bouteille de liqueur 10 €.

ArtArtà

Concept-store 4

Un seul credo : consommer local ! Dans une jolie maison, ce centre culturel est à la fois le lieu d'exposition du sculpteur de carton-pâte Pere Pujol, un café et une boutique d'artisanat. Une manière ludique de découvrir le patrimoine d'Artà sous toutes ses formes.

C/ Antoni Blanes, 19, Artà • ✆971 83 59 39 • www.artarta.es • Lun.-sam. 10h30-13h30 • T-shirt 100 % coton 20 € ; tote bag en ikat 30-50 €.

Coopérative San Salvador

Épicerie fine 5

Dans un ancien cinéma des années 1960, la coopérative propose une huile d'olive première pression de qualité. Pour se diversifier, elle vend aussi de délicieux fromages, des vins et des conserves locales, sans oublier la fameuse *sobrasada. ¡ Qué bueno !*

C/ de les Parres, 82, Artà • ✆971 83 61 75 • Lun.-ven. 8h-13h et 17h-19h, sam. 8h-13h • Conserves autour de 5 € ; huile d'olive 10 €.

Son Pocapalla

Vannerie 6

Tresseur de paille depuis 1935, la famille Flaquer est une référence à Majorque. Si la technique est toujours la même, le design des chapeaux et des paniers a pris un sacré coup de jeune, avec de jolies ganses colorées. On peut même dénicher des modèles et demander à les personnaliser !

C/ dels Segadors Gabellins, 2, Capdepera • ☏ 971 56 44 34 • Lun.-sam. 10h-14h et 16h-19h30 • À partir de 5 €.

Activités Détente

Skualo

Exploration marine

Prêt à vivre l'une des plus formidables aventures qu'offre Majorque ? Muni d'une combinaison et d'un gilet flottant, on rejoint en Zodiac l'entrée de la grotte marine de **Cova des Coloms**, et on se jette à l'eau pour la rejoindre à la nage ! Quel frisson ! Elle ouvre sur un fantastique lac souterrain, sous une forêt de stalactites, où les pirates cachaient leurs trésors au Moyen Âge.

Départ de Porto Cristo ou Portocolom • ☏ 971 83 41 97 • www.skualo.com

Experience Mallorca

Sauts dans la mer

Oserez-vous faire le grand saut ? Cala Romantica, sur la côte entre Porto Cristo et Cala Varques, est un spot idéal pour apprendre le *coastering*, ou canyoning côtier, c'est-à-dire l'art de s'élancer dans l'eau depuis le sommet d'une falaise… bien encadré évidemment. Frissons garantis ! Connue pour sa grotte aquatique, Cala Romantica l'est aussi pour ses aventuriers qui n'hésitent pas à bondir de rocher en rocher et à descendre en rappel pour trouver de nouveaux trous d'eau.

Cala Romantica • ☏ 687 35 89 22 • www.experience-mallorca.com

Canyamel Golf

Golf

Tenté par l'un des parcours les plus difficiles et les plus beaux de l'île ? Entre Cala Ratjada et Cala Millor, le golf de Canyamel ne manque pas de surprises… à condition d'avoir sa licence (pas besoin de handicap). Au programme : rencontres fortuites avec des tortues, points de vue magnifiques et découverte du très chic club house.

Av. d'Es Cap Vermell, Capdepera • ☏ 971 84 13 13 • www.canyamelgolf.com

Rafael Nadal Academy

Tennis

Rafael Nadal n'est pas qu'un mythe, il a aussi son académie dans un complexe sportif ouvert à tous. Il suffit de s'inscrire lors de stages pour profiter des conseils éclairés de nombreux professionnels. On peut même prendre un café devant les cours où s'entraînent les graines de champions.

C/ Cales de Mallorca, km 1,2, Manacor • ☏ 971 84 50 22 • www.rafanadalacademy.com

PÉDALER EN FAMILLE SUR LA VIA VERDE

Majorque est bien connue des cyclistes pour ses routes spectaculaires, mais elle n'est pas réservée qu'aux sportifs chevronnés. Au départ d'Artà, une piste cyclable longe les anciennes voies de chemin de fer jusqu'à Manacor. Un parcours plat, très facile, idéal avec des enfants, et qui permet de découvrir de jolis points de vue sur l'intérieur des terres.

De 1920 à 1970, une **ligne de chemin de fer** reliait Artà aux villes alentour. Il fut maintes fois question de la rouvrir, mais, faute de financement, le projet fut abandonné au profit d'une très agréable **voie verte** réservée aux randonneurs et aux cyclistes : la Via Verde (ou Bicis Verdes), qui part de l'ancienne gare d'Artà, reconvertie en centre d'informations avec également une boutique de créateurs locaux.

Les 29 km de piste mènent jusqu'à Manacor en passant par Son Servera et en se rapprochant de la côte. On peut en profiter pour piquer une tête depuis les plages proches, comme celles de Costa de los Pinos, de Sa Coma ou de Cala Millor. Le long du parcours, d'anciennes gares ont été transformées en centres d'informations (à Son Carrio, Son Servera et Son Llorenç).

Cette voie relativement plate traverse des champs de céréales, des parcelles d'oliviers, des vergers d'orangers et d'amandiers (qui distillent dans l'atmosphère un parfum très caractéristique), ponctués çà et là de pins et de bosquets touffus. La création de cette Via Verde s'est doublée d'une reforestation de la campagne grâce à 4800 arbres et 15000 plantes arbustives.

INFORMATIONS PRATIQUES

- Distance et durée : 29 km (2h).
- Difficulté : très facile.
- Informations et carte sur http://viaverde.caib.es
- Location de vélos dans l'ancienne gare (14-18 €/j.) ou auprès d'Artà Bikes S'Abeurador (Josep Melià i Pericàs, 2 • ☎644 36 26 64).

Sur la Via Verde

RANDONNÉE DANS LE PARC DE LLEVANT

Falaises escarpées, calanques aux eaux cristallines et petits massifs verdoyants : le parc du Llevant impressionne par sa grande diversité de paysages. Au départ de la finca S'Alqueria Vella, nous vous conseillons cette succession de courts sentiers – les nos 1, 4 et 3 –, qui offrent le meilleur du parc sur une courte distance.

INFORMATIONS PRATIQUES

- Départ et arrivée : parking du bureau du parc à S'Alqueria Vella, accès par une route qui part à dr. de la Ma-3333 (route Artà-Ermita de Betlem).
- Distance et durée : 6 km (2h).
- Difficulté : moyenne.
- Dénivelé : 315 m.
- Infos et carte sur https://fr.wikiloc.com/itineraires-randonnee/salqueria-vella-de-baix-puig-den-porrassar-es-verger-42272008

Dans la vallée

Le sentier n° 1 (de S'Alqueria Vella au col d'Es Verger ; 1,5 km ; 30 min) traverse en ligne presque droite d'anciens vergers parsemés de chardons mauves. Il grimpe doucement pour atteindre le col d'Es Verger (303 m). On y trouve, auprès d'une ancienne ferme, une source d'eau claire, parfaite pour se rafraîchir. La vue y est magnifique : la vallée se déploie à vos pieds, avec en fond la ligne bleu turquoise de l'horizon.

À l'assaut des collines

Un peu après, à l'aire de pique-nique, embrayez à gauche sur le sentier n° 4 (d'Es Verger au Campament dels Soldats ; 1 km ; 30 min), qui passe un nouveau col et ménage de belles vues sur les crêtes rocheuses, hérissées de murets en pierres sèches. Ceux-ci ne servaient pas tant à délimiter les terrains qu'à couper net l'avancée des incendies, car on avait autrefois coutume de brûler la végétation régulièrement pour l'empêcher de pousser plus haut qu'à hauteur de vache ou de mouton !

On parvient ensuite au Campament dels Soldats, d'anciens baraquements militaires en ruine qui servirent de prison durant la guerre civile. Sur la droite part, à travers une végétation rase, un sentier caillouteux assez raide jusqu'au Puig del Porrassar (492 m ; 30 min), point culminant du parc qui offre une magnifique vue à 360° jusqu'à la mer.

Retour dans la pinède

Redescendez jusqu'aux bâtiments et prenez le sentier n° 3 (Camí dels Presos ; 2 km ; 30 min), qui part à gauche. Il traverse la pinède en pente douce pour vous ramener à votre point de départ. ■

BALADE CÔTIÈRE DE CRIQUE EN CRIQUE

Le littoral de la péninsule du Llevant ne se résume pas aux plages paradisiaques (mais souvent bondées) de Cala Ratjada. Plus on s'éloigne vers le nord, plus la zone devient sauvage. Tant mieux, car elle recèle des criques magnifiques et encore méconnues, à découvrir en parcourant un superbe sentier côtier.

Une calanque minuscule

Cala Estreta est une calanque peu connue des touristes, et pour cause : elle est grande comme un mouchoir de poche et n'est accessible que par une longue route de 13 km depuis Artà. Et dire que seulement 2 km à vol d'oiseau la séparent de l'animation de Cala Mesquida... Vers la droite, le sentier rejoint rapidement deux autres plages : **Cala Mitjana** et **Cala Torta**.

Le long des falaises

Prenez plutôt le sentier vers la gauche. Il contourne une petite péninsule rocheuse et parvient à la plage sauvage de **Cala des Matzoc**. Poursuivez le long de la mer. On passe devant la **torre d'Albarca**, une ancienne tour de guet massive et encore en bel état, construite le long de la falaise.

Entre Cala Estreta et Cala Torta

INFORMATIONS PRATIQUES

- Départ et arrivée : du parking de Cala Estreta à Arenalet d'Albarca (qui correspond à un tronçon du GR 222).
- Distance et durée : 9 km (3h30).
- Difficulté : assez facile.
- Dénivelé : 122 m.
- Infos et carte sur https://fr.wikiloc.com/itineraires-randonnee/cala-estreta-arenalet-daubarca-arta-10049085

La côte la plus sauvage

Après avoir suivi le long chemin qui traverse la pinède, on découvre enfin, comme une récompense, **Cala Sa Font Salada** et ses eaux turquoise, puis, 500 m plus loin, la plage de **S'Arenalet d'Albarca**, telle une pépite au bout du monde... Pas de bar ni de restaurant à l'horizon : ce coin très sauvage est aussi le plus difficile d'accès de toute l'île ! Alors, pour revenir, une seule solution : commander un taxi qui viendra vous chercher sur la route la plus proche (☎ 616 423 429 ; env. 12 € jusqu'à Artà).

AUTOUR DU CAP DE SES SALINES

8

Aménagée dans les années 1960, cette côte est aujourd'hui malheureusement défigurée par quelques complexes hôteliers disgracieux. Ignorez-les ! Car les petites stations balnéaires ravissantes et, surtout, les calanques fabuleuses dessinent un paysage absolument enchanteur, qui mérite d'y passer quelques jours de pur farniente.

Cala dans le parc de Mondragó

1 Felanitx

Au XVIIIe s., Felanitx connaît une importante renommée grâce à ses vins et ses liqueurs. Elle est alors la troisième ville de Majorque, après Palma et Alcúdia ! L'épidémie de phylloxera qui décime presque entièrement le vignoble à la fin du XIXe s. sonnera le glas de ce succès économique... ce qui ne l'empêche pas de rester la deuxième productrice de crus de l'île après Binissalem. Goûtez donc aux vins blancs, particulièrement parfumés. Deux autres spécialités locales sont à découvrir au marché du dimanche matin : les câpres et les céramiques.

Au-delà de ces productions, le tour de Felanitx est assez rapide : on pourra s'arrêter pour voir l'església de Sant Miquel et son imposante façade baroque, et la plaça d'Espanya, bordée de sympathiques terrasses de café où se restaurer... En bref, Felanitx est surtout une étape où faire une agréable pause sur la route du sanctuaire de Sant Salvador.

2 Santuari de Sant Salvador✦

Retenez votre souffle : il vous faudra emprunter une côte vertigineuse enfilant les épingles à cheveux sur 5 km pour accéder au sanctuaire !

Perché sur le plus haut sommet de la côte orientale, cet ancien monastère, que l'on aperçoit de très loin, fut fondé au XIVe s., dans l'espoir de repousser une épidémie de peste. Il resta fidèle à sa vocation religieuse jusqu'en 1992 ! Les pèlerins y viennent encore nombreux, s'arrêtant en chemin à l'immense croix de pierre, qui marque le passage entre deux pics, puis, au sommet, à la statue du Christ de 37 m de haut, qui domine toute la région.

Une partie du sanctuaire d'origine a été reconverti en hôtel de charme *(p. 149)*.

3 Castell de Santueri

Bâtie par les Romains puis agrandie par les Maures et renforcée par les Espagnols, cette forteresse reste impressionnante. Ruinée et abandonnée au XVIIIe s., elle a conservé une belle enceinte, trois tours carrées et un beffroi, tous posés si proches de la falaise qu'ils semblent en faire partie. On vient surtout ici pour la vue : le regard embrasse toute l'île, et porte même jusqu'à Minorque par temps clair.

Cami des Castell, à 8,2 km S-E de Felanitx • Mai-oct. : t.l.j. 10h30-18h30 • Entrée 4 €.

La croix de pierre sur le chemin de Sant Salvador

4 Parc natural de Mondragó✦✦

C'est le parc le plus visité de l'île, et on comprend pourquoi : dans un maquis majorquin enchanteur s'entremêlent lavande dentée, chèvrefeuille des Baléares, buis, romarin, orchidées sauvages, avec ici et là de petits bois de pins ou de chênes. Un véritable Éden empreint de sérénité, qu'un réseau de sentiers permet de parcourir facilement en une demi-journée. Au programme, cinq petites balades de 30 à 45 min chacune, qui sillonnent dunes, oliveraies et pinèdes. Vous apercevrez, au détour des chemins,

Il faut sauver Mondragó !

En 1989, l'annonce d'un vaste projet immobilier sur cette portion de la côte choqua la population. Les habitants se mobilisèrent : ce n'est qu'après trois années de manifestations et de pétitions que Mondragó obtint le statut de réserve naturelle. Fait peu habituel : sur les 785 ha de surface protégée, 690 ha appartiennent à des particuliers.

quelques huttes de berger et d'anciens fours en pierre, utilisés autrefois par les charbonniers.

Pour le farniente, deux criques aux eaux turquoise vous attendent sur la partie littorale du parc : **Cala Mondragó**, et surtout la jolie **Platja de S'Amarador**. Les Majorquins viennent en famille y pique-niquer ou faire de la planche à voile.

Accès par la Maison du parc : C/ A. Blanca – C/ Mondragó, 4, Santanyí • ☎971 18 10 22 • Grand parking ; autre parking plus près de S'Amarador si vous souhaitez accéder plus vite à la plage • Entrée 5 € (2 € après 17h).

5 Santanyí✦

Elle est bien jolie, cette petite ville aux maisons couleur miel. Il faut dire qu'avant l'essor du tourisme, son économie reposait sur l'exploitation de carrières de grès, lequel fut utilisé partout dans l'île, notamment dans la construction de la cathédrale de Palma et du castell de Bellver.

Œuvres de Rolf Schaffner

À 2 km de Santanyí en direction de Ses Salines, la Ma-6100 passe quelques ronds-points, dont l'un est agrémenté de deux pièces de jeu d'échecs stylisées, *Rey y Reina*. Il s'agit de créations de Rolf Schaffner (1927-2008), un artiste allemand grand amateur d'art en plein air, qui avait installé son atelier à Santanyí. Pour voir d'autres œuvres de lui, garez-vous juste après la sortie pour Cala Llombards et franchissez le muret de pierre : un petit sentier à travers les arbres mène aux impressionnants *Caballos*, sept chevaux de pierre de 2 m de haut taillés dans le grès local.

Pause détente : Sa Cova

Sa jolie terrasse plantée d'un olivier, ses guirlandes lumineuses suspendues çà et là, ses tables rustiques et ses chaises de couleur lui confèrent un côté bohème chic assez irrésistible. C'est l'endroit idéal pour *chiller* après une longue journée de promenade, avec une délicieuse sélection de tapas à accompagner d'un gin tonic ou d'un spritz !

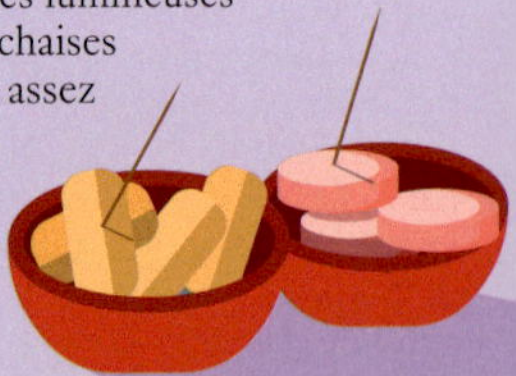

6 Plaça Major, 4, Santanyí • ☎971 16 33 70 • T.l.j. 10h-23h • Tapas 4-10 € ; Spritz 6 €.

L'arche naturelle Es Pontàs, à Cala Santanyí

Cala Santanyí✦

À 3,5 km au sud de Santanyí, vous craquerez pour l'ancien quartier du port, devenu une véritable petite station balnéaire lovée dans sa calanque. Elle a gardé une âme assez authentique et les pêcheurs y démêlent toujours les filets en fin d'après-midi. Quelques terrasses de bars et de restaurants permettent de profiter du calme les pieds dans le sable. La balade ne serait pas complète sans emprunter la carrer sa Costa d'en Nofre (sur la droite de la calanque), qui mène à un petit belvédère d'où l'on pourra contempler une magnifique arche de pierre : **Es Pontàs**. Très photogénique !

6 Cala Figuera✦✦

Ce petit port naturel creusé à flanc de falaise est un havre de paix aux eaux transparentes. Les barques et les petites maisons blanches des pêcheurs sont blotties de part et d'autre d'une profonde calanque bien protégée

Caló des Moro

du vent. L'atmosphère est encore authentique, et l'on pourraît croire que le temps s'y est arrêté, si ce n'était la proximité des complexes touristiques tapageurs...

7 Caló des Moro✦✦✦

Cette petite péninsule a des allures de paradis du bout du monde... Un escalier permet d'accéder à la **crique de S'Almunia**, à l'atmosphère assez intime. À droite se dessine une plage adorable, à gauche quelques maisons de pêcheurs nichées dans les rochers et, surprise, une magnifique arche naturelle. Assez large et bien solide, elle sert souvent de perchoir aux amateurs de plongeons.

Le chemin continue jusqu'à la calanque de **Caló des Moro**, sur laquelle on a d'abord une vue plongeante depuis les falaises. Ses eaux turquoise, étincelantes sous le soleil et soulignées d'une bande de sable blanc, laissent sans voix. Coup de cœur assuré !

Respectez bien les panneaux de stationnement, car la police est très active, et les amendes nombreuses ; il y a un grand parking sur le Camí de Cala Llombards ; il faut ensuite faire 20 min de marche sur la carrer des Caló des Moro, d'où un escalier descend vers la plage.

8 Platja d'Es Caragol✦

Tout autour du **cap de Ses Salines**, où se dresse un emblématique petit phare blanc du XIXe s., la côte se fait vraiment sauvage.

Du fait de son accès limité aux voitures, elle est un paradis pour les voiliers qui mouillent au large. À l'ouest, accessible en 30 min de marche depuis le phare ou par quelques pistes, on rejoint la plage sauvage d'Es Caragol, qui déploie sur 1 km son sable fin et ses eaux transparentes idéales pour le snorkeling. Un petit bijou loin de la foule !

9 Colònia de Sant Jordi

Moderne et sans grand charme, cette station balnéaire a quand même plusieurs atouts : pas moins de 5 km de plage de sable et de fabuleux marais salants, à découvrir à la sortie de la ville. On comprend pourquoi elle a tant de succès auprès des habitants de Palma, qui s'y rendent nombreux le week-end. C'est d'ici aussi que partent les bateaux vers l'île de Cabrera.

Salines d'Es Trenc*

Premier signe de ces marais salants ? D'immenses dunes de sel, qui s'élèvent parallèles au parking, si blanches qu'elles font penser à de la neige. La finesse de ce sel est telle qu'on parle ici d' « or blanc ». La visite des 15 ha de lagunes, les plus vastes de Majorque, vaut le détour, aussi bien pour la production du sel que pour les milliers d'oiseaux attirés par les marais, dont des flamants roses !

La boutique de la célèbre marque Flor de Sal d'Es Trenc, qui gère les salines, vous propose de goûter différents sels aromatisés aux herbes, aux olives...

Carretera Campos-Colònia de Sant Jordi, km 8,7 (à 800 m/10 min à pied du centre) • ☎ 971 65 53 06 • www.salinasdestrenc.com • T.l.j. 10h-20h : vis. guidée ttes les heures en été • Entrée 10 €.

Platja d'Es Trenc***

Ses kilomètres de plage et ses eaux claires peu profondes attirent des milliers de vacanciers chaque année. Les Majorquins vous diront qu'il s'agit là de leurs Caraïbes... Vu l'étendue, toutefois, chacun trouve une place où poser sa serviette. En remontant la plage, vous remarquerez d'anciens bunkers, construits entre 1940 et 1945. Plutôt que de les détruire, il fut décidé de les intégrer au paysage en les décorant de citations. Notez qu'une partie de la plage est naturiste.

Parking 7 €/j. .

10 Illa de Cabrera**

Située à 13 km au large de la côte sud de Majorque, Cabrera ressemble à première vue à une grosse île escarpée de 15 km², juste couverte de bruyères et d'oliviers sauvages. En réalité, sa végétation est très riche ! Elle ne compte pas moins de 500 espèces de plantes, dont 22 de mousses et lichens, qui se sont discrètement tissées dans ce tapis végétal. Côté faune, l'île accueille surtout des milliers d'oiseaux : aigles pêcheurs, puffins cendrés, cormorans huppés... La richesse de ses eaux claires est très prisée des plongeurs. Le commandant Cousteau fut d'ailleurs l'une des nombreuses personnalités à militer pour que l'île obtienne le statut de réserve naturelle. Ce fut chose faite en 1991, lorsque Cabrera devint un **parc national**, l'un des quinze que compte aujourd'hui l'Espagne.

Les bateaux vous déposent au port, niché au nord dans la baie la plus calme, où se trouve le centre d'information et d'où partent tous les sentiers. Vous croiserez les ruines d'un ancien campement français : lors des guerres napoléoniennes, 9 000 prisonniers français furent abandonnés là, et on peut encore voir leurs messages sur les murs. Vous passerez aussi devant des baraquements militaires désaffectés datant de la guerre civile de 1936, et qui restèrent en activité jusque dans les années 1980. Vous verrez enfin

Cala Pí

un jardin botanique, un phare peint de losanges rouges, quelques plages bien mignonnes… Il y a même une auberge pour passer la nuit : elle ne compte qu'une douzaine de chambres, mieux vaut réserver longtemps à l'avance !

Départ des bateaux à Colònia de Sant Jordi • *www.excursionsacabrera.es/en* • **Centre d'information :** *630 98 23 63* • *www.balearsnatura.com* • *Fév.-nov. : t.l.j. 10h-17h* • **Auberge :** *971 65 62 82.*

Un refuge au large

Les dizaines d'épaves découvertes près de ses côtes montrent que Phéniciens, Romains et Byzantins furent nombreux à s'échouer sur la petite île de Cabrera. Par chance, les ressources en bois y étaient suffisantes pour construire abris et embarcations de fortune, l'eau douce abondait, et les chèvres sauvages fournissaient de quoi manger. C'est d'ailleurs à ces dernières que l'île doit son nom.

11 Cala Pí✦✦✦

Comment ne pas craquer pour Cala Pí, l'une des plus belles calanques de l'île ? C'est par une volée de marches depuis le centre du village qu'on accède à ce ravin de 2 km de long, où s'engouffrent des eaux turquoise sublimes. Aventurez-vous

au-delà des cabanes de pêcheurs sur la droite, pour apercevoir les bateaux sagement rangés dans les grottes naturelles. Quel tableau !

De là, un sentier grimpe sur la falaise plantée de pins et rejoint la pointe, où se dresse une tour de guet toute ronde, d'où l'on apprécie encore mieux les dégradés de bleus de la Méditerranée.

Escaliers d'accès (fléchés) au niveau du restaurant El Mirador, sur la carrer Torre • Beach bar en saison.

12 Talayots de Capocorb Vell✦

Les constructions préhistoriques en pierre *(talayots)* ne sont plus très nombreuses sur l'île, car les pierres sèches furent bien souvent récupérées pour construire maisons et murets. Il est donc d'autant plus émouvant de découvrir, au milieu des oliviers, les fondations de ce village talayotique, occupé du Ier millénaire av. J.-C. jusqu'à l'ère romaine. Le site s'organise autour de cinq tours d'observation (deux carrées, trois circulaires), autrefois couronnées d'un toit en bois. La visite ne vous prendra pas plus de 30 min, mais elle permet d'imaginer la vie à l'époque.

Le petit bar à l'entrée, spécialisé dans le *pa amb oli*, est le point de ravitaillement des pelotons de cyclistes traversant la région. Il y règne une sacrée ambiance !

Ma-6014, km 23 • 971 18 01 55 • www.talaiotscapocorbvell.com • T.l.j. sauf jeu. 10h-17h • Entrée 2 €.

LE TOP DES RESTOS LES PIEDS DANS L'EAU

Vous pourrez bien sûr vous attabler à des tables chics, qui jouissent de superbes emplacements avec vue sur la Grande Bleue. Mais à Majorque, on trouve aussi beaucoup de *chiringuitos*, de petits restaurants de plage ouverts seulement à partir des beaux jours, parfaits pour déjeuner sur le pouce en profitant de la vue et du sable.

Puro Beach

Entre deux visites de musées, ce resto chic au décor tout blanc vous invite à siroter un verre en admirant la baie de Palma.

Voir p. 52 • La baie de Palma.

Ca's Patro March

Sur la gauche de Cala de Deià (en regardant la mer), voici « *the place to be* » pour profiter d'un paysage à couper le souffle !

Voir p. 78 • Autour de Sóller.

Patiki

De jolis fauteuils en osier, de grands bancs autour de tables collectives ou des tables un peu plus intimistes à même le sable, ce *chiringuito* a vraiment de quoi séduire !

Voir p. 87 • Autour de Sóller.

S'illot

Surplombant la mer, c'est le genre d'endroit où l'on a envie de déguster un poisson grillé en regardant le coucher du soleil.

Voir p. 114 • Alcúdia et le cap des Pinar.

Puro Beach

Can Gavella

Un air d'Ibiza sur la plage de Muro ! Et surtout l'occasion de déguster une délicieuse paella les pieds dans l'eau.

Voir p. 118 • Alcúdia et le cap des Pinar.

Chiringuito Cala Llombards

Une crique de rêve au cœur du parc de Mondragó. Nature, Grande Bleue et… mojitos !

Voir p. 147 • Autour du cap de Ses Salines.

Restos | Bars | Hôtels | Shopping | Activités

Restos Bistrots

Sa Llotja

Cuisine locale 14

Place de choix, sa terrasse est située juste au-dessus de la commanderie du port, face à la mer. Ce n'est pas son seul atout, car cet excellent restaurant prépare à merveille le poulpe à la plancha et le thon en tartare, sans parler du délicieux agneau confit. Une valeur sûre !

C/ Pescadors, Portocolom • ☏971 82 51 65 • www.restaurantsallotjaportocolom.com • Mar.-dim. 13h-22h • Menu 40 €

Bon Bar

La Petite Iglesia

Cuisine locale 15

Construite en 1938, cette petite chapelle a été transformée par un couple de Français en un restaurant réputé pour sa cuisine gourmande. Tout est maison, même le pain ! Les poissons sont achetés au port et les légumes frais proviennent des potagers des environs.

C/ la Marina, 11, Cala Figuera • ☏971 64 50 09 • T.l.j. 9h-13h30 et 18h-23h • Plats 15-25 €, menus 22-44 €.

Bon Bar

Produits de la mer 16

Envie de gambas à l'ail et de poulpe à la plancha en regardant les bateaux ? Voici l'escale idéale ! Le service est efficace, les plats frais et sans chichi, et le cadre absolument ravissant, à l'entrée du port naturel de Cala Figuera.

C/ Verge del Carme, 27, Cala Figuera • ☏673 79 59 69 • Mar.-dim. 10h-22h • Plats 12-18 €.

Chiringuito Cala Llombards

Sur le pouce 17

Quelle merveille ! La paillote est située à l'entrée d'une crique minuscule aux eaux translucides, encadrée de falaises. On a tout de suite envie de s'installer face à la mer, les pieds dans le sable. Juste

Chiringuito Cala Llombards

le temps de déguster un poisson grillé et un smoothie, avant de plonger dans la Grande Bleue.

Cala Llombards, Santanyí • 673 54 88 86 • T.l.j. • Plats 16-25 €

Casa Manolo

Restaurant traditionnel 18

À côté de l'église du village, Manolo n'a pas son pareil avec ses murs couverts de photos et ses jambons accrochés au plafond ! Le resto est bien connu pour ses spécialités de riz mijoté et de poissons au sel (le poisson est ici facturé au poids). N'hésitez pas à goûter à l'*arroz notari* à l'encre de seiche et au calamar de potera.

Pl. Sant Bartomeu, 2, Ses Salines • 971 64 91 30 • www.bodegabarahona.com • Mar.-dim. 13h-16h et 19h30-23h • Plats 15-25 €.

Bars, clubs Sorties

Bar Esperanza

Bar de plage 5

Avec ses grandes tables en bois et son bar ouvert sur la plage, ambiance « *surf & sun* » garantie ! Le spot est idéal pour prendre un mojito au coucher du soleil, après avoir profité de la plage. La *playlist* est à la hauteur du lieu, internationale et éclectique !

Ses Covetes (tout au nord de la plage d'Es Trenc) • 608 62 21 65 • Juin-août : t.l.j. 12h-22h (hors saison : se rens.).

VOIR AUSSI P. 140 :

Sa Cova 6

Hôtels B&B

Hostatgeria Sant Salvador

Monastère reconverti 3

Les anciennes cellules des moines ont pris un sacré coup de jeune ! Les chambres sont spacieuses et offrent une vue magnifique sur les collines et la campagne.

Puig San Salvador • ☏971 51 52 60 • www.santsalvadorhotel.com • Fév.-oct. • À partir de 70 €.

Hospederia Santuari de Cura

Monastère reconverti 4

Quelle vue ! Cet ancien monastère perché abrite 33 chambres simples, mais très confortables. La famille Vidal Servera, qui s'occupe du lieu, propose aussi une table d'hôte délicieuse.

Puig de Randa • ☏971 12 02 60 • www.santuaridecura.com • Mars-oct. • À partir de 60 €.

Shopping Cadeaux

Ramon Canyelles

Céramiques 7

Ramon Canyelles est un potier comme on en rencontre rarement. Attaché à la tradition, à la terre locale et aux gestes d'antan, il enlumine ses céramiques de glacis bleus comme la mer. Des objets du quotidien aux formes simples et décoratives, enrichis récemment d'une collection de grès.

C/ de C'al Reiet, 46, Santanyí • ☏620 18 19 46 • Lun.-ven. 10h-14h et 16h-20h, sam. 10h-13h • Pièces à partir de 5 €.

Activités Détente

Red Star Tours

Balades en mer

Avec ses failles rocheuses et ses eaux transparentes, la côte autour de Cala Figuera est une vraie splendeur. Louez un kayak de mer ou un paddle, voire, pour les plus intrépides, un Zodiac (pas besoin de permis), et à vous les calas sauvages sans personne !

C/ Virgen del Carmen, 52, Cala Figuera • ☏644 24 34 64 • www.redstartours.com • kayak : 15 €/h ou 30 €/4h ; Zodiac 85 €/2h.

Petro Divers

Plongée

Dans le charmant village de Porto Petro, suivez le plongeur sur le mur blanc… Voilà 20 ans que ce club propose des plongées dans la magnifique réserve maritime del Migjorn, au large du cap de Ses Salines.

Plaça d'es Calo d'es Moix, Porto Petro • ☏682 28 03 94 • www.petrodivers.com • À partir de 55 €.

ORGANISER SON WEEK-END

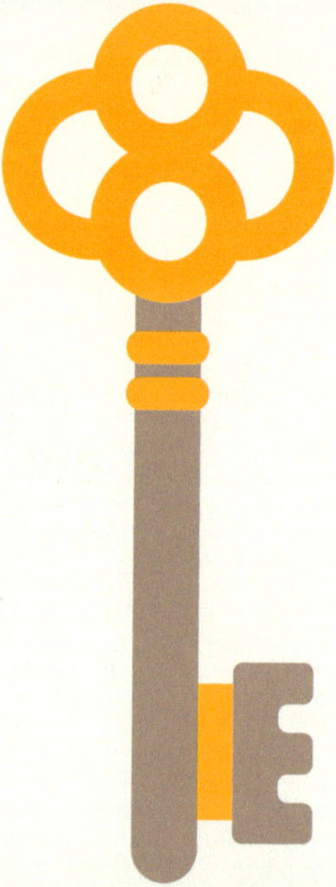

Cala Figuera

Formalités

Une carte d'identité suffit.
Par sécurité, scannez vos papiers et envoyez-les vous par e-mail afin d'en conserver une trace.

Les enfants mineurs non accompagnés d'un de leurs parents doivent avoir une autorisation de sortie du territoire (à télécharger sur www.service-public.fr/particulier/vosdroits/F1359).

Consulat général d'Espagne

À Paris, Bordeaux, Strasbourg, Lyon, Marseille, Montpellier, Pau, Bayonne, Perpignan et Toulouse.

www.exteriores.gob.es/consulados/

Ambassade de France en Espagne

914 23 89 00 • https://es.ambafrance.org

Infos touristiques

- **www.infomallorca.net**
  Office de tourisme de Majorque.
- **www.illesbalears.net**
  Portail touristique des Baléares.
- **www.spain.info/fr**
  Office de tourisme d'Espagne.
- **www.abc-mallorca.com et www.seemallorca.com**
  Tout savoir des plages, musées, fêtes, hôtels, restos…
- **www.serradetramuntana.net**
  Tout sur la Tramuntana.

Comment venir

En avion

L'aéroport Son Sant Joan se trouve à 11 km E de Palma.

902 40 47 04 • www.palma-airport.info

Lignes et compagnies

Vols quotidiens depuis Paris et les grandes villes françaises avec **Air France**, **Air Europa** et **Iberia**.

www.airfrance.fr • www.aireuropa.com • www.iberia.com

Les *low cost* **EasyJet**, **Ryanair**, **Transavia**, **Volotea** et **Vueling** proposent, selon la saison, de nombreux vols depuis les principales villes françaises. Les liaisons existantes et les périodes d'activité fluctuent beaucoup, renseignez-vous sur leurs sites.

Infos Covid-19

Toutes les infos et adresses de ce guide ont été vérifiées et actualisées scrupuleusement. Néanmoins, compte tenu du contexte sanitaire, de nombreux sites sont amenés à restreindre leurs horaires d'ouverture, parfois à fermer l'accès à certaines salles ou à suspendre provisoirement leurs activités. Les consignes évoluent régulièrement. Nous vous recommandons de vérifier les horaires et conditions de visite sur leur site Internet ou Facebook. Par ailleurs, certains lieux demandent temporairement de réserver la visite.

www.easyjet.com • www.ryanair.com • www.transavia.com • www.volotea.com • www.vueling.com

Quitter l'aéroport

Bus EMT n° 1 : c'est l'option la plus simple. Départ près de la porte 4 toutes les 10-20 min de 6h à 1h50 (nov.-avr. toutes les 30 min) ; ticket 5 € (8 € A/R) en espèces uniquement, achat à bord. Arrêts desservis : plaça d'Espanya, passeig Mallorca, av. Jaume-III et port.

Bus TIB : plusieurs lignes partent directement de l'aéroport pour rejoindre des villes de la côte.

www.tib.org

Taxi : près de la porte 4. Env. 20 € pour rejoindre le centre de Palma.

En bateau

Pas de ferry depuis la France, il faut embarquer à Barcelone, Valence ou Dénia. La traversée dure à chaque fois 7h30-8h.

www.trasmediterranea.es • www.balearia.com • www.euromer.com

Gare maritime de Palma

Estació Marítima, Moll Peraires • ☎971 22 81 50 • www.portsdebalears.com/es/

Argent

L'Espagne utilise l'**euro**. Vous pouvez effectuer **retraits et paiements** aux mêmes conditions tarifaires qu'en France. **Attention, il y a souvent 2 € de commission sur les retraits !** Avant de partir, vérifiez vos plafonds de retrait et de paiement à l'étranger. Les cartes bancaires sont acceptées même pour des petits montants, mais les petites échoppes ne fonctionnent souvent qu'avec des espèces.

On trouve partout des **distributeurs de billets** accessibles 24h/24.

Faire opposition

Avant de partir, notez vos numéros de compte et de carte bancaire.

Opposition : Visa ☎900 99 11 24 • MasterCard ☎900 82 27 56.

Quel budget ?

- **Petit budget** : 40-80 €/j./pers.
- **Budget confortable** : 80-120 €/j./pers.
- **Budget plaisir** : plus de 120 €/j./pers.

Budget

Réservez votre **logement** très tôt, en particulier sur la côte : les prix grimpent dès le mois de mai, et flambent de juin à septembre ! Beaucoup d'hôtels du littoral proposent des formules en demi-pension ou pension complète.

Côté **restauration**, le *menu del diá*, servi le midi, permet de déjeuner copieusement pour environ 10-15 €. Les tapas permettent aussi de manger à sa faim, pour un prix moins élevé qu'un repas classique.

Pour louer une voiture, cherchez de préférence une agence hors de Palma, car le tarif y sera beaucoup plus avantageux, même en rajoutant le prix du taxi pour s'y rendre.

Quand partir ?

Le **climat est méditerranéen** : étés secs et très chauds, hivers frais et humides, et, entre les deux, des températures douces avec parfois quelques journées de pluie. Le nord de Majorque est plus frais et plus arrosé que le reste de l'île.

Température de la mer : l'eau dépasse les 20 °C à partir de début juin, atteint 25-26 °C au cœur de l'été et reste tout à fait baignable jusqu'à mi-octobre.

Saison touristique

Un certain nombre d'hôtels et de restaurants ne sont ouverts que pendant la **saison touristique**, de Pâques à fin octobre.
En **haute saison** (juillet-août), la fréquentation est très importante et il faut impérativement réserver son hébergement.

Mai-juin et septembre-octobre sont **les périodes les plus agréables**. Les hôtels sont moins chers, la foule moins pressante. En hiver, privilégiez Palma et les cités de l'intérieur, car tout a tendance à fermer sur le littoral.

Électricité

220 V comme en France, et prises électriques identiques.

Décalage horaire

Il n'y a pas de décalage horaire avec la France.

Santé

Avant votre départ, commandez la **carte européenne d'assurance maladie** sur le site www.ameli.fr, afin que vos frais médicaux soient pris en charge sur place. Il y a **peu de dangers** en dehors des méduses. Les moustiques sont rares.

Téléphone

Le réseau mobile est très bon, même au fond des vallées !
Depuis le 15 juin 2017, les **frais d'itinérance** *(roaming)* ne sont plus facturés lors de vos voyages dans l'Union européenne : vos communications à Majorque vous coûteront le même prix que vos communications en France.

Pour **appeler la France** depuis l'Espagne, **composez le 00 33** puis le numéro de votre correspondant sans le 0 initial.

Pour **appeler l'Espagne** depuis la France, **composez le 00 34** puis le numéro de votre correspondant.

L'indicatif des Baléares est le 971.

Numéros d'urgence

- **Toute urgence (police, pompiers, ambulance)** : ☎ 112 (en français).
- **Ambulance** : ☎ 061.
- **Pompiers** : ☎ 080.
- **Police** : ☎ 091.
- **Consulat honoraire** à Palma : ☎ 971 73 03 01 ; ☎ 699 30 07 49 (urgences uniquement).

Jours fériés

- 1er janv. : Nouvel An.
- 6 janv. : Épiphanie.
- Mars/avril : Jeu. et Ven. saints.
- 1er mai : Fête du travail.
- Déb. juin : Fête-Dieu.
- 15 août : Assomption.
- 12 oct. : Fête nationale.
- 1er nov. : Toussaint.
- 8 déc. : Immaculée Conception.
- 25 déc. : Noël.
- 26 déc. : Sant Esteban.

Courrier

Les **timbres** s'achètent à la poste ou dans les bureaux de tabac. Les boîtes à lettres de **Correo**, l'opérateur national, sont jaunes.

Attention : certaines échoppes travaillent avec une compagnie d'affranchissement privée, Swiss Post. Vous la repérerez facilement car l'impression des timbres est d'assez mauvaise qualité. À éviter, car il faut utiliser une boîte aux lettres spéciale (Correos ne les prend pas en charge) et les envois se perdent assez souvent.

Au restaurant

Pain et olives sont parfois apportés d'office et facturés 2-3 €. Indiquez au serveur si vous n'en souhaitez pas. L'addition comprend le service et le **pourboire** n'est pas obligatoire, mais vous pouvez laisser jusqu'à 10 % si vous êtes satisfait.

Horaires

Ils sont très décalés par rapport à la France : on déjeune entre 13h30 et 16h, et on ne dîne pas avant 21h. Mais, en saison, dans les lieux touristiques, les restaurateurs pratiquent le **service en continu** de 13h à minuit.

Où dormir ?

Majorque tente de se défaire de son image d'île bétonnée : elle se recentre sur un tourisme familial et tranquille, en rénovant quelques grandes barres d'hôtels, voire en les détruisant, comme à Magaluf. La qualité des hôtels de moyenne gamme est très variable. Ne vous fiez pas aux étoiles !

En dehors des villes, **beaucoup d'établissements ne sont ouverts que d'avril à fin octobre**. En haute saison, il n'est pas rare que les hôteliers imposent un **séjour minimum de trois jours**, voire d'une semaine.

Pour les petits budgets

Les **campings sont rares** et le camping sauvage est rigoureusement interdit.

Les **auberges de jeunesse** sont peu nombreuses, à l'exception de Palma qui en compte trois (à partir de 13 € en dortoir, plus cher en été).

Les **pensions familiales** (*pensions* ou *hostals*) sont une option économique, même si le confort y est souvent basique.

Hébergements atypiques

Majorque compte plusieurs **refuges de montagne** (en dortoir), bien tenus, où on peut aussi se restaurer. Réservez longtemps à l'avance.

www.conselldemallorca.net/refugis • http://ibanat.caib.es.

Pensez aussi aux **ermitages religieux** : confort spartiate mais prix doux et emplacements superbes au monastère de Lluc, au Puig de Maria, au Puig Randa, à l'ermita de la Victòrià, etc. Réservez longtemps à l'avance.

Pour se faire plaisir

Oubliez les gros hôtels-clubs du littoral : la tendance est aux **boutiques-hôtels**, de petites structures à la décoration soignée. On y valorise l'authenticité, le recyclage, le local…

L'**agrotourisme** progresse aussi dans l'intérieur des terres : d'anciennes fermes agricoles appelées **fincas**, restaurées avec goût, sont transformées en hébergements assez haut de gamme (piscine, Spa, etc.).

www.agroturismoenmallorca.com • www.casasrurales.net

Voyages organisés

Voyagistes spécialisés

Voyageurs du monde

Voyages sur mesure plutôt haut de gamme (conciergerie incluse).

01 42 86 16 00 • www.vdm.com

Comptoir des voyages

Séjours individuels sur mesure et en immersion. Hébergements en petites structures de charme.

01 53 10 30 15 • www.comptoir.fr

Agences de trek

Allibert

Des randos accompagnées ou en liberté.

04 76 45 84 84 • www.allibert-trekking.com

Huwans Club Aventure

Formule combinant voile et marche à pied, avec nuit sur un voilier.

04 96 15 10 20 • www.huwans-clubaventure.fr

Terres d'Aventure

Randonnées accompagnées incluant diverses autres activités.

01 70 82 90 00 • www.terdav.com

Croisière à la voile

Globe Sailor

Croisières sur mesure : en goélette, sur un voilier ou un catamaran, avec ou sans équipage.

01 80 88 45 70 • www.globesailor.fr

Circuit spirituel chrétien

Spiritual Mallorca

Le circuit enchaîne les principaux sanctuaires de Majorque : la Seu, le monastir del Real et la Pociúncula à Palma, puis le santuari de Cura, la casa Sant Juniper Serra et le santuari de Lluc, le plus célèbre de tous.

www.spiritualmallorca.com

INDEX

LEXIQUE *(traduction en catalan, puis en castillan)*

- **Bonjour (matin)** : bon dia / buenos días
- **Bonjour (après-midi)** : bona tarda / buenas tardes
- **Bonsoir** : bona nit / buenas noches
- **Au revoir** : adéu / adiós
- **Merci beaucoup** : moltes gràcies / muchas gracias
- **Excusez-moi** : perdoni / disculpe
- **S'il vous plaît** : si us plau / por favor
- **Comprenez-vous ?** : M'entén ? / ¿ Me entiende ?
- **Je ne comprends pas** : no entenc / no entiendo
- **Je voudrais** : voldria / quisiera
- **Oui, non** : si, no
- **Parlez-vous le français ?** : Parla francès ? /¿ Habla francés?
- **Aujourd'hui** : avui / hoy
- **Hier** : ahir / ayer
- **Demain** : demà / mañana
- **Encore** : encara / todavía
- **Heure** : hores / hora
- **Quelle heure est-il ?** :
- Quina hora és ? /¿ Qué hora es ?
- **Tôt** : aviat / temprano
- **Tard** : tard / tarde
- **Argent** : diners / dinero
- **Boutique** : botiga / tienda
- **Marché** : mercat / mercado
- **Prix** : preu / precio
- **Soldes** : rebaixes / rebajas
- **Combien ça vaut ?** : Quant val ? /¿ Cuánto vale ?
- **C'est trop cher** : és massa car /es demasiado caro
- **Je voudrais une chambre double** : voldria una habitació doble / quisiera una habitación doble
- **Je voudrais réserver une table** : voldria reservar una taula / quisiera reservar una mesa
- **Addition** : compte / cuenta

Crédits photographiques

Couverture

Vue sur le cap de Formentor, © imageBROKER/hemis.fr

Intérieur

Adobe Sock : aldorado p. 115 ; allard1 p. 81 ; Andy Hoech p. 7bg ; anilah p. 94 ; arbalest p. 79 ; aubi1309 p. 84 ; Balate Dorin p. 4d ; Bildgigant p. 68 ; Boris Stroujko p. 82 ; Christian p. 139 ; David Brown p. 72 ; dina p. 127, p. 137 ; dudlajzov p. 5h, p. 34, p. 43, p. 45, p. 96-97, p. 130 ; elenanoeva p. 99 ; Georgios p. 31 ; Hans Hansen p. 93 ; Henry Czauderna p. 15 ; Ina Ludwig p. 122 ; iushakovsky p. 27 ; Jenny Sturm p. 3b ; jorgesierra p. 126 ; Kevin Eaves p. 5c ; Kris Hoobaer p. 75 ; KVN1777 p. 26 ; lunamarina p. 32 ; Manuel Schönfeld p. 112 ; Martin Valigursky p. 4cg ; Mathias Weil p. 1 ; MF p. 3h, p. 3c ; Miriam p. 116 ; Netzer Johannes p. 117 ; nullplus p. 8cd ; pixelliebe p. 65, p. 125 ; powell83 p. 141 ; proslgn p. 17 ; romas_p. p. 49 ; Sandra p. 61 ; santosha57 p. 77 ; schulzfoto p. 66 ; Sheviakova p. 7h ; Simon Dannhauer p. 13, p. 128, p. 142 ; Somatuscani p. 55 ; tobago77 p. 144-145 ; Tolo p. 76, p. 113, p. 121 ; Tomasz p. 7bd, p. 29 ; Tomfry p. 107 ; vulcanus p. 19, p. 44, p. 62, p. 138, p. 151 ; WoGi p. 64 ; ysbrandcosijn p. 135.

Hemis : dpa picture alliance / Alamy p. 53 ; Jopp. / Alamy p. 24 ; ;Maisant Ludovic p. 4hd, p. 40, p. 47, p. 48, p. 146 ; Mark Bolton Photography / Alamy p. 88 ; Préau Louis-Marie p. 5b ; Victoria Brackley / Alamy p. 9hd ; Westend 61 p. 124.

AGE Fotostock : Tolo Balaguer p. 35, p. 38.

Barbara Divry : p. 10g, p. 11h, p. 11b, p. 37, p. 51, p. 73, p. 90, p. 100, p. 103, p. 118, p. 119, p. 132, p. 147, p. 148.

Mark Burkey : p. 8b ;

Nous adressons tous nos remerciements aux établissements et organismes suivants pour leur aide précieuse et pour nous avoir permis de reproduire leurs photographies :

Ca'n Pintxo : p. 87 ; Quita Penas : © Marco Manchia p. 71 ; Rafael Nadal Academy by Movistar : p. 9b ; Son Moragues : p. 9cg ; Terrae : p. 10d.

Remerciements de l'auteur

Barbara Divry remercie particulièrement **Joana Leal**, auteur de talent pour **Piaf Majorque**, qui a su répondre à toutes ses questions à la vitesse de l'éclair ! *www.piafmajorque.es*

Notre auteure, Barbara Divry

Journaliste spécialisée dans l'art de vivre et le tourisme, Barbara est l'auteur de plusieurs guides touristiques sur l'Espagne. Vivant entre Paris et Barcelone, elle a pris un malin plaisir à faire découvrir son île de cœur loin des clichés touristiques. Elle est toujours prête à sillonner Majorque en bus, à vélo ou en voiture, et à faire de longs détours pour dégoter les adresses tendances !

Édition originale établie par **Barbara Divry**.

Direction : Sidonie Chollet
Direction éditoriale : Cécile Petiau
Édition : Joël Ambroggi, Marine Barbier-Blin, Béatrice Hemsen, Catherine Laussucq, Émilie Lézénès, Géraldine Péron, Adam Stambul
Lecture-correction : Marie-Pia Verguin
Ont collaboré à cet ouvrage : Alejandro Prieto de Vega
Cartographie : Frédéric Clémençon et Aurélie Huot
Fabrication : Liza Sacco
Conception graphique de la couverture et de la maquette intérieure : Minsk Studio
Illustrations : Minsk Studio
Contact presse : rmazef@hachette-livre.fr – ☎ 01 43 92 36 66
Contact publicité et partenariats : partenariat-tourisme@hachette-livre.fr

Tous nos remerciements à Antoine Béon pour son aide et son regard avisé sur la direction artistique de la collection.

Aussi soigneusement qu'il ait été établi, ce guide n'est pas à l'abri des changements de dernière heure, des erreurs ou omissions. Ne manquez pas de nous faire part de vos remarques. Informez-nous aussi de vos découvertes personnelles, nous accordons la plus grande importance au courrier de nos lecteurs : **weekend@hachette-livre.fr**

Facebook @GuidesUnGrandWeekend • **Instagram** @ungrandweekend • **Twitter** @ungrandweekenda

Édité par Hachette Livre (58, rue Jean-Bleuzen, CS 70007, 92178 Vanves Cedex)
Imprimé par Polygraf (Capajevova 44, 08199 Presov, Slovaquie)
Achevé d'imprimer : juin 2021
ISBN : 978-2-01-714001-6 • Codification : 25-4163-3
Dépôt légal : juin 2021 • Collection n° 44 • Édition : 01